Viaggio Sacro

Swamini Krishnamrita Prana

Mata Amritanandamayi Center, San Ramon
California, Stati Uniti

Viaggio Sacro
Swamini Krishnamrita Prana

Pubblicato da:
Mata Amritanandamayi Center
P.O. Box 613
San Ramon, CA 94583
Stati Uniti

—————————————— *Sacred Journey (Italian)* —————————

Prima edizione a cura del MA Center: agosto 2016

In Italia: www.amma-italia.it

In India:
inform@amritapuri.org
www.amritapuri.org

Non leggo il futuro,
né mi interessa leggerlo.
Ma ho una visione,
chiara come la vita che ho dinanzi.
Quell'antica Madre si è risvegliata ancora una volta
e siede nuovamente sul Suo trono,
più gloriosa che mai.
ProclamateLa a tutto il mondo
con la voce della pace e della benedizione.

Swami Vivekananda

Le poesie a conclusione di ogni capitolo sono state composte da
Swamini Krishnamrita Prana nel 1984.

Indice

Introduzione

"Quando i vostri occhi avranno il potere di penetrare oltre la superficie dell'esistenza, allora la vostra vita sarà colma di gioia".

Amma

Ero sempre stata felice di rimanere nello sfondo attorno ad Amma, osservando il Gioco Divino dipanarsi dinanzi ai miei occhi. Senza davvero capire tutto quello che succedeva, ero una spettatrice contenta di qualsiasi parziale traduzione mi venisse concessa.

Pregavo Amma in questo modo: "Non è nel mio stile correrTi dietro, inseguirTi come fanno così tante altre persone. Quindi, se vuoi che mi avvicini, devi tirarmi a Te, perché io non sarò capace di allontanare a spintoni nessuno per cercare di avvicinarmi a Te".

Amma era solita dire: "Siate pronti a combattere per stare vicino ad Amma in prima fila, oppure siate distaccati e restate in fondo; ma non rimanete nel mezzo a provare invidia per entrambe le direzioni". Così io spesso mi ritrovavo felicemente distaccata sullo sfondo, fino a che Amma non mi ha avvicinata a Sé.

Tutti noi abbiamo illusioni o fantasie su come pensiamo sia la vita spirituale, ma è divertente notare come spesso proprio il contrario si avvicini di più alla realtà. I castelli immaginari che costruiamo ci crollano attorno, e le nostre illusioni si dissolvono nel nulla. Raramente la vita è come ci aspettiamo che sia. Non avrei mai pensato che sarei diventata un'autrice, specialmente di un libro spirituale; ma, per grazia di Amma, questo libro è venuto alla luce.

La prima volta che si è affacciata alla mia mente l'idea di un libro è stato nel 2003. Ero seduta con Amma mentre Lei discuteva di alcune questioni concernenti l'*ashram* con alcuni di noi. Disse: "Figli, è meglio vivere raccogliendo e mangiando erba piuttosto che sacrificare il nostro sistema di valori. È nostro sacro dovere difendere i valori spirituali. È nostro dovere non compiere errori perché se qualcuno cade seguendo i nostri passi, allora anche altri, che seguono loro, potrebbero cadere".

Sentendo le sacre parole di Amma, mi sono sentita profondamente ispirata e motivata dall'entusiasmo. La Sua sincerità nel difendere i valori della tradizione spirituale mi ha toccato nel più profondo del cuore. Ho sentito la responsabilità di condividere con il resto del mondo questi momenti preziosi e pieni di ispirazione. In particolare, ho sentito come mio dovere condividere la saggezza di Amma. Perché la Sua saggezza non è riservata soltanto a poche persone, ma deve essere trasmessa attraverso tutti noi, per rischiarare le tenebre che circondano le nostre vite.

Non mi definirei mai un'aspirante spirituale ideale, tutt'altro. Ma per qualche ragione, soltanto con un piccolo sforzo e un po' di sincerità, la grazia di Amma ha inondato la mia vita. Come aspirante e compagna spirituale che percorre il sentiero di questo sacro viaggio, desidero offrire alcune delle mie percezioni nella speranza che anche altri si sentano ispirati a condurre una vita di devozione e, allo stesso modo, percepiscano la gloria della Madre Divina manifestarsi nella loro vita.

*Con una sola goccia d'amore
hai incendiato la mia anima di sete per Te.
Invano vago in questo mondo di dolore
cercando di scorgerTi.*

*Ogni cosa ha perduto il suo senso.
Una dolce beatitudine, che cammina col dolore
mano nella mano
sconvolge la mia vita solitaria.
Nel mio cuore sterile hai piantato un seme d'amore.
Adesso sboccia e cresce,
aspettando pazientemente che Tu lo raccolga.*

*Il loto del mio cuore
cerca in Te la sua casa.
Fa' che questo fiore solitario non appassisca
mentre Ti aspetta.*

Capitolo 1

❦

L'infanzia di Amma

"Quando vedi Dio in ogni cosa,
sei sempre in uno spirito di adorazione.
Quando non si percepiscono differenze,
tutta la tua vita diventa un atto di adorazione,
una forma di preghiera, un canto di lode".

Amma

Descrivere Amma in poche parole a qualcuno che non L'ha mai incontrata è un compito arduo. Amma si trova infatti al di là della portata del linguaggio. Uno dei migliori esempi a me noti, è stato offerto dalla dott.sa Jane Goodall quando ha consegnato ad Amma il premio Gandhi-King per la Non-Violenza. L'ha descritta come "La personificazione stessa della bontà... l'amore di Dio in un corpo umano". Niente potrebbe essere più vero di questa descrizione.

Amma è stata singolare fin dall'inizio. Alla nascita spaventò Sua madre, Damayanti Amma, perché non pianse. Sua madre si preoccupò estremamente fino a che non diede un'occhiata a questa sua figlia appena nata e non vide il Suo bel sorriso. La Sua carnagione era scura, con una sfumatura blu, e anche questo preoccupò i Suoi genitori. Essi le diedero il nome di Sudhamani, che significa "gioiello di nettare", e Lei lo era veramente.

I genitori e i parenti di Amma erano persone pie che si conformavano alle pratiche religiose tradizionali della famiglia e del villaggio; ma il Suo comportamento era per loro incomprensibile e pensavano che in Lei c'era sicuramente qualcosa che non andava. Amma cantava costantemente i nomi di Dio, e la Sua attenzione non era sempre sul mondo attorno a Lei. Chiamava *Sri Krishna* giorno e notte, pregandoLo di rivelarSi a Lei. Danzava nella beatitudine e compose bellissimi canti devozionali fin da bambina, ma a volte cadeva al suolo in uno stato estatico, e questo strano comportamento spaventava i Suoi familiari.

Il villaggio di Amma era una semplice comunità di pescatori, molto dediti al loro lavoro. Potrebbe essere fuorviante affermare che Amma nacque nella povertà, per lo meno nel senso generico della parola. Si trattava per meglio dire di una semplicità economica, con ben poco denaro, uno stile di vita che si era perpetuato per secoli in un clima che soddisfaceva molti dei bisogni basilari della famiglia. Tuttavia, nella vita di villaggio, anche piccole sfortune possono dar vita ad una povertà disperata che a sua volta porta alla mancanza di cibo, vestiario e cure primarie. Quando Amma da bambina vide le sofferenze causate da questa povertà, si sentì di dover fare tutto il possibile per aiutare coloro che si trovavano in quella situazione. Questo aiuto spesso significava dover attingere alle risorse della famiglia, ad esempio prendere cibo o soldi da casa per donarli a coloro che non ne avevano. Per i Suoi genitori, di regola generosi, questo comportamento era folle, intollerabile, e spesso li portò a punire Amma severamente. Conclusero che si trattava del comportamento di una bambina con seri disturbi e che c'era in Lei qualcosa di irreparabilmente sbagliato. Tuttavia Amma lavorava moltissimo, e più lavorava, più lavoro Le veniva affidato.

Quando Damayanti Amma si ammalò, Amma fu costretta a lasciare la scuola in quarta elementare per poter prendersi cura dei Suoi fratelli. Poiché era una bambina dotata di pronta comprensione e di notevole memoria, aiutare i fratelli a fare i compiti le offrì l'opportunità di un'ulteriore istruzione scolastica.

Quando i bambini erano piccoli, Damayanti Amma li svegliava presto per le preghiere del mattino. Gli altri speravano sempre che la madre dormisse più a lungo, in modo da poter dormire un po' di più anche loro. Soltanto Amma era felice di svegliarsi per pregare. Era l'unica figlia davvero devota.

Amma non faceva mai nemmeno un respiro senza ricordarsi di Dio. Giorno dopo giorno si sforzava continuamente di pensare a Dio ripetendo i Suoi nomi e visualizzando la Sua preziosa forma nel proprio cuore. Non faceva nemmeno un passo senza ripetere il Suo nome. Se se ne dimenticava, faceva un passo indietro e poi ricominciava a camminare, recitando il *mantra*. Quando nuotava, faceva voto di ripetere il Suo mantra un determinato numero di volte prima di tornare in superficie per il respiro successivo. Tale era la determinazione di Amma verso l'obiettivo di ricordarsi costantemente di Dio.

All'età di sei o sette anni, pensava già al significato della vita. La maggior parte della gente comincia forse a ponderare la questione soltanto negli ultimi anni di vita, dopo aver condotto un'esistenza materialistica. Mentre gli altri bambini giocavano con vari giocattoli, la piccola Sudhamani contemplava la ragione di tanta sofferenza al mondo.

Girava tutte le case del villaggio e raccoglieva gli scarti delle verdure e l'acqua di cottura del riso che avrebbero buttato via, e con questi dava da mangiare alle mucche della famiglia. Nel corso di questo compito quotidiano, vedendo gli anziani e i malati che vivevano in alcune case, si rese conto che la loro famiglia spesso non si prendeva la giusta cura di loro.

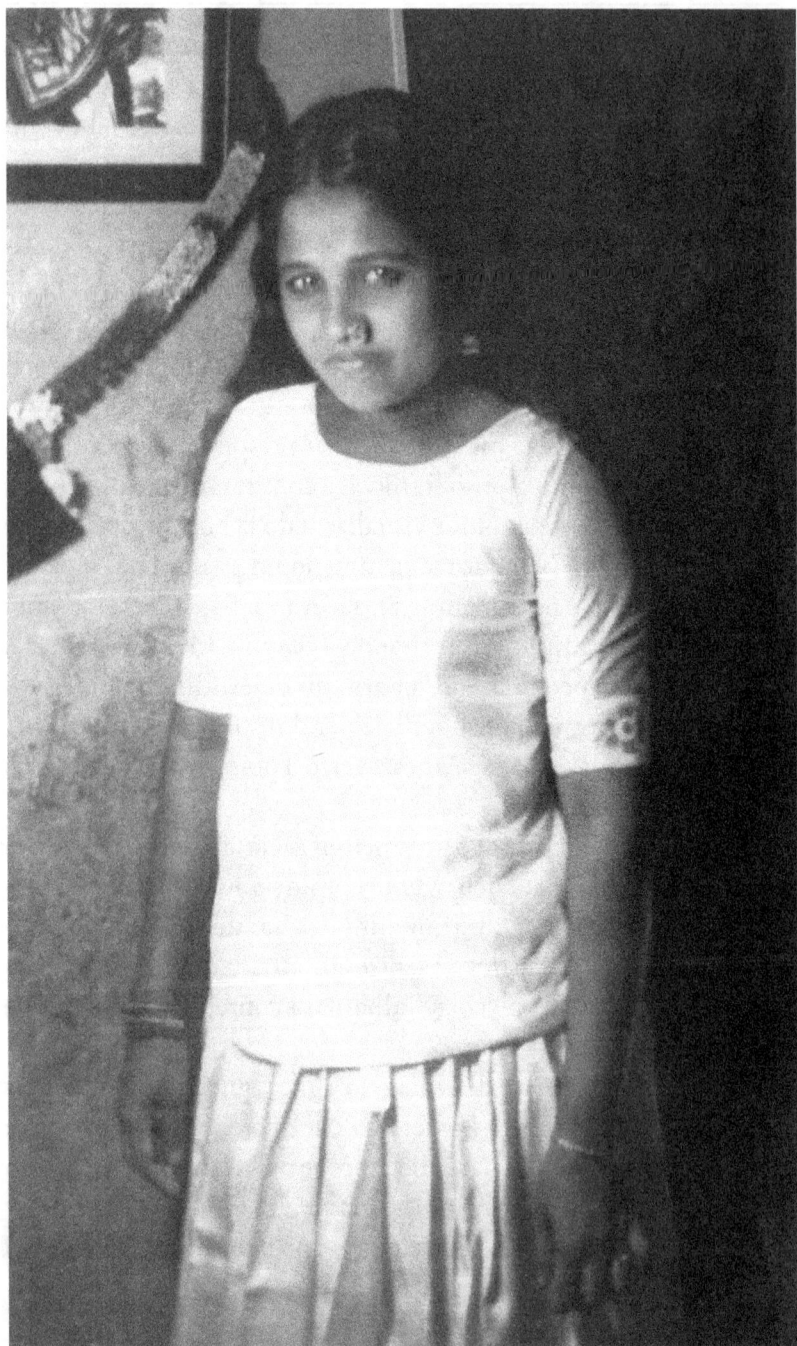

Essi Le raccontavano che i loro figli ormai adulti in passato li avevano rispettati e venerati, pregato per la loro salute e lunga vita, e promesso di prendersi cura di loro quando fossero invecchiati. Ma, nella frenesia delle loro vite, i figli si erano in seguito dimenticati delle loro promesse, lasciavano gli anziani genitori a se stessi e spesso li maltrattavano. Amma bambina portava questi anziani a casa sua, faceva loro il bagno con l'acqua calda, lavava i loro vestiti nello stagno di famiglia e dava loro da mangiare prima di riportarli a casa. A volte, se erano molto poveri e non avevano da mangiare a sufficienza, prendeva delle provviste da casa Sua e le dava agli anziani, affinché le portassero con sé. Se i Suoi genitori venivano a saperlo, La sgridavano severamente e La picchiavano addirittura. Ma nessuna parola o azione aspra era in grado di fermarLa o di cambiare il Suo cuore compassionevole che si doleva per le sofferenze altrui.

Dato che si trattava di un povero villaggio di pescatori, molte persone si ammalavano e soffrivano per malattie o povertà. Vedendo tutti questi problemi e difficoltà, Amma rifletteva e si interrogava sul significato della vita. Ha detto che in quel periodo voleva addirittura gettarsi nel fuoco e porre fine alla propria vita, perché era completamente sopraffatta dalle sofferenze della gente. Il Suo continuo domandare a Dio il perché di questa intensa sofferenza così diffusa, ebbe infine una risposta: una voce interiore Le rivelò che la sofferenza della gente si verificava a causa del loro *karma* – a causa delle azioni compiute dalle persone in questa vita o in quelle precedenti. Il risultato di queste azioni ingiuste sarebbe prima o poi tornato a loro sotto forma di varie sofferenze. Ma se il loro karma era quello di soffrire, Amma sentiva che il proprio dovere era quello di cercare di alleviare la loro sofferenza. È un po' come se mentre camminiamo vediamo qualcuno che è caduto in un fosso: non possiamo semplicemente dire che cadere nel fosso fa parte del suo karma. Dobbiamo dargli una mano per aiutarlo ad uscire, questo è il nostro dovere. Come conseguenza di questa rivelazione, Amma ha cercato di dare il massimo, fin dall'infanzia, per alleviare la dolorosa sofferenza della vita e dare conforto all'umanità.

La gente era solita invitare Amma a casa propria perché cantasse i *bhajan*, perché era risaputo che aveva una voce dolce e componeva Lei stessa i propri canti devozionali.

Nella regione costiera in cui viveva, in ogni casa c'era un libro in cui venivano annotati i bhajan. Quando andava in una casa e vedeva nel loro libro un canto che Le piaceva, incominciava immediatamente a cantarlo. In seguito, quando le persone della casa aprivano il libro, scoprivano che mancava una pagina. Amma aveva strappato la pagina e se l'era portata via. A volte si appropriò addirittura di interi libri di canti. A casa, la Sua famiglia si arrabbiava e Le chiedeva perché si comportasse così. Temevano che i vicini venissero a litigare con loro quando scoprivano che mancava loro una pagina o un libro intero. Amma non rispondeva mai. Soltanto molti anni dopo spiegò che la tradizione vuole che le persone con famiglia facciano un'offerta quando un *Mahatma* fa visita alla loro casa e compie un'adorazione. A quei tempi Amma non avrebbe potuto dir niente, perché per loro Lei era una semplice ragazzina di villaggio; quindi semplicemente portava via per compassione una pagina dal loro libro di canti, in modo che le persone non incorressero in alcun demerito per non averLe offerto niente.

Parlando dei tempi in cui erano bambini, la sorella maggiore di Amma dice che spesso La chiamavano "matta". Amma sollevava qualcosa di davvero pesante e diceva: "È così leggero". Oppure faceva qualcosa di estremamente difficile e diceva: "È così facile". Sembrava che parlasse in questo modo senza alcuna ragione, e la cosa infastidiva estremamente i Suoi fratelli. Soltanto in seguito si resero conto che Amma stava cercando di spiegare loro che Lei percepiva le cose in modo diverso. Stava cercando di dare loro qualche segno della propria Natura Divina, ma a quei tempi essi non erano in grado di capirLa.

Un giorno le quattro sorelle erano tutte sedute sotto ad un albero. Amma stava cantando un bhajan tra sé, e osservò placidamente: "Adesso possiamo star sedute tutte insieme, ma verrà il giorno in cui dovrete fare la coda per potermi incontrare". Tutte pensarono: "Sì, come no! GuardateLa! Chi pensa di essere? È completamente matta!"

Si verificarono molti altri episodi che indicavano la grandezza di Amma. Una volta Amma e due sorelle andarono a visitare un tempio in una città vicina. Entrarono nel tempio proprio in tempo per l'*arati* serale. Le porte del *sancta sanctorum* erano chiuse quasi completamente, ma attraverso la fessura le ragazze potevano vedere cosa succedeva all'interno.

Il *pujari* stava compiendo l'adorazione della Dea del tempio. Mentre svolgeva l'arati, cercava di gettare dei fiori ai piedi della statua, ma i fiori non cadevano nella direzione giusta; anzi, continuavano ad atterrare ad una certa distanza, nella direzione opposta. Il pujari era meravigliato e non sapeva cosa fare.

Amma era in piedi in mezzo alle sorelle, la maggiore davanti e la minore dietro. All'improvviso il pujari si alzò, prese il vassoio di fiori, la lampada dell'arati e una ghirlanda e uscì dal sancta sanctorum. Si diresse verso Amma e offrì dei fiori ai Suoi piedi, Le mise una ghirlanda al collo e Le fece l'arati. Amma era appoggiata al muro con gli occhi parzialmente chiusi; poi benedisse l'uomo toccandolo sulla testa e Lei e le sorelle lasciarono il tempio.

Le persone presenti nel tempio che avevano assistito all'evento erano estremamente scioccate, perché non avevano mai visto niente del genere prima di allora – un pujari che offre l'adorazione a una ragazzina di paese invece che all'idolo nel tempio. Anche le Sue sorelle erano sbalordite da questa strana sequenza di eventi, ma erano del resto abituate a vederLe accadere intorno cose inimmaginabili.

Amma svolgeva una straordinaria mole di lavoro dal mattino fino a sera inoltrata. Lavorava durissimo, tuttavia la sua attenzione rimaneva continuamente su Dio. Uno dei compiti dei bambini era quello di prendersi cura delle mucche di famiglia, il che implicava tagliare erba e foraggio per dar loro da mangiare. Tante ragazze uscivano insieme in gruppo, e generalmente ci volevano due ore per portare a termine questo compito. Dal momento in cui trovavano l'erba, le ragazze incominciavano a tagliarla, mentre Amma andava a sedersi in un angolo in un luogo isolato e chiudeva gli occhi, assorta in meditazione. Le altre non si rendevano conto che stava meditando e pensavano che si stesse semplicemente rilassando.

Le ragazzine avevano delle grosse ceste che riempivano d'erba. Tagliavano l'erba per un'ora e mezza, poi all'improvviso si alzava Amma, prendeva una falce e per venti minuti tagliava, tagliava e tagliava. Mentre le altre riempivano tre ceste in due ore di lavoro, Lei ne riempiva cinque in venti minuti. Sulla via del ritorno le bambine litigavano con Amma, accusandoLa di aver rubato la loro erba. Ne erano sicure, altrimenti come avrebbe fatto a raccogliere così velocemente tutta quell'erba? Allora le ragazzine raccoglievano dei ramoscelli secchi e li mettevano sul fondo delle loro ceste, appoggiandoci sopra l'erba, in modo da poter avere anche loro cinque ceste piene.

Amma lavorava duro come una serva, ed era anche trattata come tale. Su di Lei si accumulavano punizioni su punizioni, sebbene non facesse mai sapere a nessuno cosa doveva subire per aiutare gli altri. Sopportava tutto in silenzio. Amma era solita piangere per Krishna con tutto il cuore e tutta l'anima. E in questo desiderio per Lui, spazzava via tutto il dolore della giornata. Nella Sua vita, più soffriva e più si rivolgeva a Dio con devozione.

O Krishna,
Sento il Tuo flauto che dolcemente mi chiama.
Desidero abbandonare ogni cosa
e precipitarmi a cercarTi,
ma quando cerco di avvicinarmi
scopro di avere i piedi legati
dalle pesanti catene di questo mondo
che non mi lasciano muovere.
Soltanto la mia mente angosciata
può provare a cercarTi.
Ne ho avuto abbastanza di questo mondo di dolore.
Sta cercando di tenermi ancora legata a sé,
ma non posso più toccare il suo veleno.
Che io possa morire qui sola
nel desiderio di vederTi.

Capitolo 2

Il sentiero verso Amma

"La vita diventa piena e completa
soltanto quando il cuore si colma
di fede in un Potere Supremo.
Fino ad allora,
la ricerca per colmare il vuoto continua".

Amma

Quando ero bambina ero solita recarmi alla fattoria di mio padre durante le vacanze scolastiche. In famiglia eravamo tre figli, e ci piaceva aiutare a preparare la terra. Per noi il lavoro era sempre una cosa divertente.

Mi ricordo in modo molto vivido un'esperienza che ebbi quando avevo circa sette o otto anni. Allungai la mano fino a toccare il suolo e raccolsi qualche granello di sabbia. Osservando separatamente un paio di granelli di sabbia, li vidi brillare al sole come diamanti. Mi sentii emozionantissima. Pensai di aver scoperto il "segreto dell'universo".

Vidi una tale bellezza in quei piccoli granelli di sabbia, e mi sembrò che se una minuscola particella di terra poteva contenere tanta bellezza, allora il mondo intero doveva essere costituito da particelle simili. Sentii che il "segreto dell'universo" era che ogni cosa, ovunque, contenesse in sé la stessa bellezza. Non ce n'eravamo mai accorti prima perché era tutto mescolato insieme.

Questa profonda intuizione rimase con me per qualche tempo, ed è qualcosa di cui mi ricorderò sempre. Attraverso gli occhi innocenti di un bambino, si può svelare la meraviglia dell'universo.

Dopo aver finito la scuola, lavorai come segretaria per un chirurgo plastico. Era un lavoro molto interessante, che mi insegnò molte cose sul mondo. Questo chirurgo plastico era uno specialista in chirurgia delle mani, sostituiva le articolazioni di persone affette da artrite reumatoide. Molte persone si recavano da lui per vari tipi di chirurgia cosmetica. Inizialmente, durante i due anni in cui lavorai per lui, ogni giorno c'erano circa tre pazienti in lista per un'operazione. Gradualmente, il dottore incominciò ad inserirne quattro, cinque e anche sei. Mi sembrava che stesse cercando di guadagnare di più per pagarsi le comodità e i lussi della sua vita. La percentuale di infezioni tra i suoi pazienti cominciò ad aumentare, probabilmente perché lui passava meno tempo a prendersi cura di loro. Vedendo tutto ciò, mi sentii disillusa, e capii che la vita non consisteva nel cercare di far soldi per permettersi degli agi; sentivo che la vita era qualcosa di più, ma non sapevo esattamente cosa. Avrei cercato di scoprirlo. Così "andai in pensione" a 18 anni.

Decisi di viaggiare per scoprire in cosa consistesse davvero la vita. Viaggiai in Asia per otto mesi. Viaggiando mi accorsi che lì la gente sembrava avere poche cose, ma più pace mentale della maggior parte delle persone del mondo occidentale, con tutte le loro comodità materiali. Questo fatto stuzzicò la mia curiosità, e arrivai a capire che, qualunque fosse il cammino che avevano scelto, era la loro fede in Dio e nella religione a dar loro questa pace mentale.

La mia ultima destinazione fu l'India. La maggior parte delle persone che incontrai aveva ben poche comodità materiali, ma era felice. Sentii che era la devozione a Dio, in qualsiasi forma Lo si percepisse, ad unire tutti i membri della famiglia e ad infondere gioia nella loro vita.

Quando ero ragazzina, ascoltavo la gente discutere su Dio. A quel tempo non sapevo a cosa credere, perché non avevo mai incontrato nessuno che avesse davvero fatto l'esperienza di cosa significhi conoscere Dio. Durante l'adolescenza, l'aridità di non aver mai avuto alcun rapporto con Dio mi allontanò dalla religione. Quindi, quando venni a contatto con il concetto di religione che viene insegnato all'interno della tradizione induista, la vita sembrò acquisire un nuovo significato. Sentii che gli ideali del servizio altruistico, della disciplina e dello sviluppo di buone qualità e abitudini rendevano la vita più significativa, una sfida e una gioia.

Dopo aver viaggiato in India e esser venuta a conoscenza della filosofia di vita delineata dall'Induismo, sentii che si trattava davvero della risposta alla questione del significato della vita. Il funzionamento della mente, le emozioni e le varie facoltà mentali venivano tutte descritte in maniera talmente scientifica e logica da rendere la religione facile da capire. Il concetto di devozione e quello di un Dio con cui si può sviluppare un rapporto personale mi sembravano comprensibilissimi.

Tornai infine in Australia, dove mi riunii ad alcuni amici con cui avevo viaggiato. Essi mi chiesero se volevo imparare a meditare e mi invitarono ad unirmi al loro gruppo di *satsang*. Accettai il loro invito con entusiasmo. Siccome dopo il satsang ci sarebbe stata una cena, preparai qualcosa da portare: uova ripiene. Pensavo che fosse un'idea grandiosa, ma agli altri non piacque un granché. Erano vegetariani, e non mangiavano uova. In ogni caso, mi piacque ascoltare le verità spirituali. Quella sera, me ne tornai a casa con il mio piatto di uova e con qualcos'altro: negli insegnamenti induisti avevo trovato tutte le risposte alle mie domande sulla vita e sul suo significato.

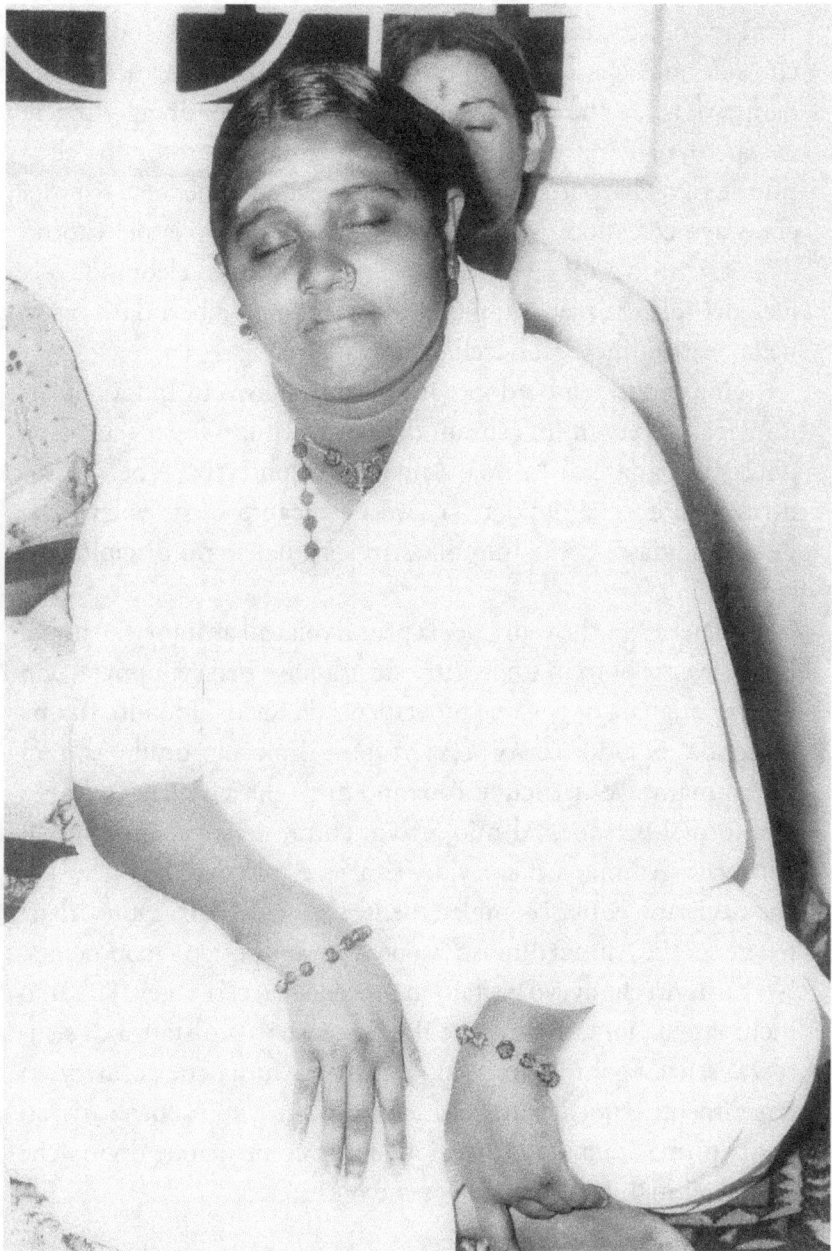

Per la prima volta nella vita ciò che sentii aveva per me un significato. Le antiche verità del *Sanatana Dharma* (Induismo), che spiegano che Dio è all'interno di ognuno, dentro di voi e dentro di me, e che la meta dell'esistenza umana è di raggiungere lo stato di realizzazione di Dio, mi toccarono nel profondo dell'anima e risvegliarono qualcosa in me. Avevo finalmente la risposta che stavo cercando. Mi ricordo ancora che sulla via del ritorno dal satsang mi sembrava che tutta la natura stesse celebrando – la luce del sole era piena di gloria, le foglie sugli alberi danzavano nella beatitudine e gli uccelli cantavano in cielo.

Non molto tempo dopo, mi recai di nuovo in India e incominciai a vivere in un ashram del nord. Rimasi lì per sei mesi e poi sentii parlare di Amma. Andai ad incontrarLa, e ben presto mi resi conto che desideravo viverLe accanto e che volevo che Lei mi guidasse come mio maestro spirituale e mi disciplinasse come mio *Guru*.

Fu nel 1982 che venni per la prima volta all'ashram di Amma. Dopo aver vissuto in un'istituzione grande e ben sviluppata, con diverse migliaia di persone provenienti da tutto il mondo, fu una profonda e gradevole sorpresa visitare il piccolo umile ashram di Amma, dove in alcune capanne di paglia vivevano soltanto quattordici persone. Al mio arrivo, entrai nella capanna in cui si trovava Amma. Lei mi vide, si alzò e mi corse incontro per abbracciarmi. Rimasi completamente sbalordita dall'amore e dalla tenerezza che Amma dimostrava per me, una perfetta sconosciuta. Nell'ashram che avevo visitato in precedenza, ci si poteva soltanto inchinare da lontano, mentre il Guru restava a distanza di sicurezza, senza farsi toccare – ma qui ecco Amma che accarezzava teneramente i suoi devoti, persino coloro che erano appena arrivati per la prima volta, con un amore e una compassione divina che non avrei mai immaginato potessero esistere.

Avevo ormai letto e sentito parlare parecchio dei Guru, e li avevo sempre immaginati seduti su un trono, con la gente che si avvicinava a loro per ricevere una benedizione impersonale. Avevo anche incontrato diversi maestri spirituali. Sebbene alcuni di loro mi avessero molto colpito nel loro modo di fare, sembravano tutti piuttosto inaccessibili. Ma Amma era del tutto diversa. Diversamente dalla maggior parte dei Guru, era una donna giovane e molto bella, di soli ventinove anni. Non appena entrai nella stanza in cui si trovava, mi accolse con la stessa intimità con cui avrebbe ricevuto la propria figlia. "Nessuno dà così tanto amore a degli sconosciuti!", continuava a ripetere la mia mente. Proprio non sapevo allora che per Amma nessuno è uno sconosciuto. "Ecco qualcuno molto insolito, davvero straordinario", pensavo.

Mi ci vollero circa tre settimane per cominciare ad afferrare quanto straordinaria fosse Amma. OsservandoLa giorno dopo giorno, gradualmente capii che era Divina. Non era semplicemente una santa come avevo pensato all'inizio – era tutt'uno con Dio, immersa nell'inebriante Presenza di Dio. Ero presente quando entrava in *samadhi* e rimaneva sdraiata sulla sabbia, ridendo e poi piangendo, completamente assorbita in un incredibile amore ultraterreno. Quando chiamava Dio durante i bhajan, il Suo amore era davvero tangibile. Lo sentivo toccarmi l'anima mentre Amma perdeva consapevolezza del proprio corpo e si librava verso un qualche regno divino dove noi non potevamo seguirLa. La Sua innocenza a volte La faceva sembrare una bambina, la migliore amica e compagna di giochi dei devoti; in altri momenti diventava all'improvviso la madre, il Guru, la guida.

Amma era un'anima realizzata, conclusi… e tuttavia non rientrava in nessuno dei miei concetti di come dovessero essere le persone che avevano realizzato Dio. Avevo letto di Guru che non permettevano nemmeno alla gente di toccar loro i piedi, per non perdere l'energia che avevano guadagnato attraverso la *sadhana*. E invece ecco qui Amma, del tutto indifferente ad una tale possibilità, che abbracciava ogni singola persona che veniva in contatto con Lei come se fosse ciò che aveva di più caro.

A volte Amma sembrava comportarsi come una ragazza folle e spesso si autodefiniva tale. Mangiava dal pavimento, giocava per ore con i bambini, diventando una di loro, e scoppiava in risate irrefrenabili. Durante i bhajan e il *darshan* si interrompeva improvvisamente nel bel mezzo di una frase, con gli occhi che si rovesciavano all'indietro, mentre si librava in samadhi. Nonostante il Suo singolare comportamento, ero convinta senza ombra di dubbio che avesse visto Dio e potesse aiutarmi a stabilire un vero rapporto con Dio. Sentivo che, forse, in Amma avevo trovato un Maestro di un livello diverso da quelli che avevo immaginato o di cui avevo letto. Era chiaro che Amma non solo aveva visto Dio, ma che era diventata una cosa sola con il Divino.

Prima di incontrare Amma, avevo pensato di sposarmi e di avere una famiglia. Avevo anche desiderato viaggiare e vedere il mondo. Dopo averLa incontrata, tutti questi desideri semplicemente mi abbandonarono. Avevo trovato la risposta alla mia domanda fondamentale: "Qual è il significato della vita?" In Amma non avevo trovato soltanto lo scopo e il significato della vita, ma anche un bellissimo Maestro che avrebbe cercato di aiutarmi a vivere la mia vita secondo i princìpi spirituali. Dopo aver ascoltato le grandi verità spirituali e averle viste pienamente personificate in Amma, sapevo che non avrei potuto ritornare a una vita ordinaria in Occidente. Non avrei mai potuto far finta di credere che una vita simile fosse reale. Volevo dedicare il resto della mia vita al servizio di Amma.

❧

Prima di trovarTi,
quest'anima ignorante
era felice di vagare
nel mondo dell'illusione.
Ma ora,
soltanto con una goccia d'amore
dalla Tua forma compassionevole,
il mio cuore è diventato irrequieto
e cerca di amare soltanto Te.
La mia mente è angosciata
e vuole percepire soltanto Te.
Tutto il resto è diventato vano ed inutile.

Sono persa in questo pazzo mondo,
con il mio cuore in fiamme
desideroso di amarTi.
I giorni passano
e Tu continui ad essere così lontana.
Questo amore inquieto per Te è più doloroso
che vivere nel mondo dell'illusione.

❧

Capitolo 3

I primi tempi

*"Se si contemplano le parole e le azioni di Amma,
non è necessario studiare nessuna Scrittura".*

Amma

Prima che venisse costruito l'ashram, avevamo soltanto i comfort essenziali. A volte non c'era nemmeno da mangiare a sufficienza per tutti, così Amma faceva il giro delle case dei vicini ed elemosinava un po' di riso per sfamarci. Le comodità erano poche, soltanto un gabinetto ed un rubinetto, ma in qualche modo ce la cavavamo con quel poco che avevamo.

Gli alloggi erano scarsi. All'inizio incominciammo ad usare una stanza nella casa dei genitori di Amma, ma nel giro di poco ci eravamo impossessati di tutta la casa. Quando arrivavano dei visitatori, spesso dovevamo cedere la nostra stanza, perché non c'era abbastanza spazio per alloggiare tutti. Una volta una famiglia composta di donne arrivò all'ashram e Amma chiese a me e alla mia compagna di stanza di dar loro la nostra camera. Non avevamo nessun altro posto in cui dormire, così dormivamo nella piccola cucina o all'aperto sulla sabbia. La famiglia decise di trattenersi per un po'.

Passarono due mesi. Noi non ci lamentammo mai e dormivamo felicemente dove potevamo, poiché ci sembrava un test di Amma per scoprire quanto distacco avevamo dalle circostanze in cui ci trovavamo. Infine qualcuno accennò ad Amma che eravamo ancora senza un posto permanente in cui stare. Amma fu sorpresa nel sentire ciò, sistemò la famiglia da un'altra parte ed infine ci venne restituita la stanza.

In quei primi anni, l'acqua non era sempre disponibile. A volte dovevamo scavare delle buche nel terreno per trovare una sorgente d'acqua. Lentamente l'acqua affiorava in questi pozzi artigianali, e noi la raccoglievamo per lavarci o fare il bucato. Sebbene all'inizio quest'acqua fosse relativamente dolce, prima o poi diventava salata. Quando cominciavamo ad avere ulcerazioni sul corpo, sapevamo che era ora di scavare una nuova buca.

Amma spesso ci diceva dove scavare queste buche. Una notte, passando accanto alla mia stanza Amma disse: "Domani mattina scava una buca esattamente in questo punto". Fui stupita nel vederLa indicare un punto proprio fuori dalla porta, non riuscivo ad immaginare di poter trovare un pozzo lì. Ma neanche a dirlo, il mattino dopo fu scavata una buca, e in quel punto si raccolse una pozza d'acqua che era filtrata dal terreno. In questo modo ci fu una provvista d'acqua sufficiente per le due settimane seguenti. Amma sapeva come prendersi cura di noi, e manifestava esattamente ciò di cui avevamo bisogno.

Amma ha sempre avuto un modo unico per insegnare una lezione spirituale. A volte, se qualcuno aveva commesso un errore e Lei voleva davvero evidenziare un insegnamento, invece di ammonire quella persona, puniva Se stessa, infliggendo un qualche tipo di sofferenza al proprio corpo. Per noi il Suo corpo era così prezioso che queste azioni avevano molto più effetto di una semplice sgridata. Una volta, quando qualcuno aveva fatto qualcosa di sbagliato, Amma incominciò a colpirsi la mano con una latta grossa e pesante di latte in polvere. Dopo che le cose si furono calmate, io presi uno straccio bagnato e lo applicai sulla mano di Amma per alleviare il dolore. Amma mi osservava mentre

lo facevo e sorrideva. Dopo che ebbi finito di prendermi cura di Lei, Amma mi sussurrò con fare birichino: "Era l'altra mano".

Amma cercava sempre di istruirci attraverso l'esempio diretto. Molti anni fa, quando il tempio dell'ashram era in costruzione, una sera Amma camminava per il cantiere al chiaro di luna, chinandosi periodicamente a raccogliere qualcosa da terra. Era stato un lungo giorno di darshan pubblico, e questo era il modo in cui Amma sceglieva di trascorrere i suoi momenti di riposo.

Un *brahmachari* andò da Lei e disse: "Amma, cosa stai facendo? Dovresti riposare". Amma replicò: "Figlio, Amma raccoglie questi chiodi arrugginiti". Il giovane brahmachari si chiedeva perché Amma stesse facendo una cosa simile ad un'ora così tarda, quando avrebbe dovuto dormire. Amma disse: "All'ashram vengono molte persone povere; cosa succederebbe se un padre di famiglia si ferisse il piede e la ferita si infettasse? Potrebbe dover andare in ospedale, e allora chi si prenderebbe cura della sua famiglia? Inoltre possiamo raddrizzare questi chiodi arrugginiti e riutilizzarli nella costruzione del tempio, o possiamo venderli come ferraglia". Il brahmachari era ammutolito contemplando la saggezza dietro l'amore senza confini di Amma e la Sua inesauribile energia. Dopo una giornata intera trascorsa a confortare le persone e a prendersi cura dei loro problemi personali, Amma aveva anche la cautela di proteggerle da qualsiasi inconveniente in cui potessero incorrere nella loro visita all'ashram.

Una volta, mentre Amma stava pranzando con i residenti dell'ashram, urtò un bicchiere di latticello (siero di latte), e il contenuto si versò sul pavimento di cemento. Io corsi a prendere uno straccio, ma Amma mi bloccò e iniziò a bere il latticello direttamente dal pavimento. Due visitatori occidentali che erano presenti in quell'occasione si guardarono, scioccati. Poco dopo lasciarono l'ashram – a quanto pare non erano pronti per una lezione così avanzata.

Ai vecchi tempi, oltre ai darshan quotidiani e ai programmi di bhajan, Amma era solita dare i *Bhava darshan* tre volte alla settimana. Sebbene Amma abbia interrotto il *Krishna Bhava* darshan, continua occasionalmente a dare il *Devi Bhava* darshan. A proposito di questi speciali Bhava darshan, Amma ha detto: "Tutte le divinità del pantheon induista, che rappresentano gli innumerevoli aspetti dell'unico Essere Supremo, esistono dentro di noi. Colui che possiede il Potere Divino può manifestare uno qualsiasi di questi aspetti per il bene del mondo. Il Krishna Bhava è la manifestazione dell'aspetto del Puro Essere, e il Devi Bhava è la manifestazione dell'Eterno Femminile, la Creatrice, il principio attivo dell'Assoluto Impersonale. Perché un avvocato deve indossare una tonaca nera e un poliziotto l'uniforme e il berretto? Sono semplicemente accessori esteriori che hanno lo scopo di creare una determinata sensazione o impressione. In modo analogo, Amma si veste da Devi per rafforzare la devozione delle persone che vengono al darshan. L'intenzione di Amma è di aiutare la gente a raggiungere la Verità. L'*Atman*, o Sé, che è in Me è anche in voi. Se riuscite a realizzare il Principio Indivisibile che splende costantemente in voi, diventerete Quello".

Questi programmi di Bhava darshan incominciavano sul tardo pomeriggio con i bhajan, seguiti dal Krishna Bhava. Amma assumeva lo spirito e l'abbigliamento del Signore Krishna e poi riceveva individualmente tutti i devoti, donando loro le benedizioni e il *prasad* di Krishna fino a circa mezzanotte. Poi, assunto l'aspetto della Devi, Amma abbracciava di nuovo tutti i devoti: questa parte del programma durava generalmente fino all'alba.

Dopo forse un'oretta o due di riposo, e a volte senza riposarci affatto, partivamo diretti verso vari luoghi nel Kerala, per eseguire bhajan e puja in case private. Spesso ci trattenevamo la notte, e ritornavamo all'ashram il giorno dopo, appena in tempo per l'inizio di un altro Bhava darshan.

Dopo aver vissuto all'ashram per un po', Amma mi chiese di assumermi il compito di prendermi cura dei Suoi bisogni durante i Bhava darshan. Questo fu per me un grande onore e un piacere, ma si trattava anche di qualcosa di molto difficile, visto che non conoscevo il *malayalam*. Spesso dovevo cercare di indovinare che cosa mi chiedeva. Sovente scherzando diceva che se mi chiedeva una certa cosa, Le davo qualcosa di completamente opposto.

A quei tempi, Amma non prendeva mai niente per Sé durante i darshan. Donava soltanto agli altri. Non sollevava nemmeno una mano per asciugarsi il viso o bere qualcosa, insegnandoci in questo modo la natura completamente altruista della Madre Divina. Ancora oggi, quando mangia o beve, Amma non consuma mai tutto ciò che le viene offerto. Avanza sempre qualcosa, come a mostrarci che nemmeno noi dovremmo prendere tutto per noi stessi, ma sempre offrire qualcosa in cambio al resto del creato.

Durante il Krishna Bhava, un devoto del luogo era solito portare ad Amma un recipiente di latte, visto che Krishna amava il latte e i suoi derivati. Amma non lo beveva Lei stessa, ma lasciava che il devoto gliene versasse qualche goccia in bocca. Poi, alla fine, dava ai devoti che erano rimasti nel *kalari* un po' di quel latte come prasad, versandolo in bocca ad uno ad uno.

Una volta, nel mezzo della serata, avevo offerto un succo di frutta ad Amma. Mentre lo tenevo in mano perché Lei lo bevesse, avevo inavvertitamente urtato il bordo del bicchiere contro i denti di Amma. Mi era dispiaciuto moltissimo, poiché sapevo che era successo a causa della mia sbadataggine. Ore dopo, alla fine del darshan, il devoto offrì il latte ad Amma, nelle vesti di Krishna, e poi Amma iniziò ad offrire il latte a tutti i presenti. Quando giunse da me, con un sorriso birichino, invece di versarmi il latte in bocca, urtò il contenitore contro i miei denti. La cosa mi sorprese molto, ma mi fece venire in mente la mia precedente disattenzione e mi insegnò l'importanza di essere concentrati e diligenti mentre si svolgono delle azioni intorno ad Amma.

Durante il Devi Bhava darshan era mio compito asciugare il viso di Amma. Sebbene il Suo corpo non sudasse mai, il Suo viso a volte sudava, poiché il kalari non aveva finestre ed era sempre affollato e surriscaldato. In verità, il calore era talmente intenso che dovevamo versare acqua sui muri per abbassare la temperatura.

Amma desiderava che Le si asciugasse il volto dopo che alcune persone avevano ricevuto l'abbraccio, e io dovevo trovare il momento giusto. Spesso detestavo dover mettere un asciugamano sul volto della Madre Divina, ma era compito mio.

A quei tempi, Amma spesso mi appariva in sogno la notte nella forma di Devi, e mi fissava intensamente come per dirmi: "Mi asciughi il viso oppure no?" Questi sogni erano così reali che io ero sicura che Amma fosse nella stanza con me. Ancora addormentata, a volte balzavo su dalla mia stuoia e incominciavo a cercare il Suo asciugamano, sentendomi molto colpevole per essermi addormentata. Quando infine mi svegliavo e mi accorgevo che si era trattato soltanto di un sogno, mi scusavo con Amma per aver dormito e poi infine tornavo a coricarmi. Cos'altro avrei potuto fare?

A volte un'altra ragazza divideva la camera con me e mi chiedeva cosa facevo in piedi nel mezzo della notte. Questi sogni si verificavano per lo meno una volta alla settimana, spesso anche di più, e continuarono per diversi anni, finché non finirono del tutto. Sentivo che Amma stava ripetutamente cercando di ricordarmi che dormivo troppo.

Una notte, Amma mi disse che avrei potuto dormire con Lei. A volte permetteva alle ragazze residenti all'ashram di restare in camera con Lei, una speciale opportunità di starLe vicino. Quella notte era particolarmente speciale, poiché si trattava del compleanno di Krishna. I Mahatma in verità non dormono mai, perché

hanno sempre piena consapevolezza. Ciò nonostante, in questa occasione, Amma infine si coricò per riposare sul balcone della Sua stanza, e io mi sdraiai per dormire ai Suoi piedi.

Non molto tempo dopo essermi addormentata, feci un sogno incredibile in cui avevo scoperto un libro che conteneva tutti i misteri dell'universo. Dopo un po', mi ritrovai a chiamare ad alta voce la Devi, con le mani giunte su capo in segno di preghiera. I miei richiami avevano svegliato Amma. Si avvicinò e mi mise la mano sulla testa dicendo: "*Mol* (figlia), *mol*," cercando di calmarmi. Ero imbarazzata per aver disturbato il sonno di Amma, ma Lei non disse altro. Ci coricammo di nuovo, e io mi ritrovai in un altro sogno sulla Dea dell'Universo.

Il mattino dopo, quando mi svegliai, me ne andai silenziosamente, per non disturbare Amma più di quanto non avessi già fatto. Più tardi quel giorno, quando scese dalla Sua camera, andai da Lei e Le chiesi: "Amma, è successo qualcosa la notte scorsa?" Amma disse: "Per tutto questo tempo pensavo che fossi devota di Krishna, ma stanotte chiamavi la Devi". Chiesi cosa fosse realmente successo. Era stato un sogno o una vera esperienza spirituale? "In parte sogno e in parte esperienza. È l'inizio della vera devozione. Il semplice respiro di un Mahatma è sufficiente a provocare esperienze spirituali nelle persone". Quindi in verità non era stato affatto merito mio, ma era stato il respiro di Amma a farmi avere quell'esperienza.

I primi tempi con Amma erano colmi di un'incredibile beatitudine. Ella trascorreva gran parte dei Suoi giorni e delle Sue notti immersa in samadhi. OsservandoLa, una pioggia di pace e beatitudine ci inondava. Quando non era persa nel Suo amore per Dio, Amma passava il tempo ad amare quelli di noi che erano così fortunati da trovarsi in Sua presenza. Non poteva nascondere questo amore o tenerlo per Sé, poiché l'amore vibrava in ogni Sua cellula e fluiva da ogni poro del Suo corpo.

O Signore di Compassione,
da dove Ti proviene questo nome
quando Tu senza fine
torturi il mio cuore dolorante?
Non conosco la Tua compassione.
Aspetto con questo amore bruciante
desiderosa della Tua misericordia.

Quanti fiumi di lacrime devo piangere?
Quanti fuochi
deve bruciare il mio cuore angustiato?
È così che torturasti le povere gopi
e Radha, che ti amarono tanto tempo fa?
Non hai alcuna vergogna?

Abbi pietà di noi povere anime,
liberaci da questo mondo di dolore.

Capitolo 4

La compassione del Guru

"Ogni singola goccia del sangue di Amma,
ogni singola particella della sua energia,
è per i suoi figli.
Lo scopo di questo corpo
e di tutta la vita di Amma
è di servire i suoi figli".

Amma

L'amore che un Guru ha per il discepolo è davvero il più grande di questo mondo. Nessun altro amore può essere paragonato al suo, divino e disinteressato.

La madre che ci ha dato alla luce si prenderà cura di noi soltanto per qualche anno; e al giorno d'oggi molte madri non fanno neppure questo. Ma l'amore che Amma ha per noi è molto diverso; è incredibilmente profondo e abbraccia ogni cosa. Per noi è disposta ad affrontare qualsiasi sacrificio.

Amma è un Maestro pienamente realizzato che non ha alcun karma residuo né alcun obbligo di ritornare sulla terra. Se lo desiderasse, dopo aver lasciato il corpo potrebbe rimanere per sempre nello stato di beatitudine e pace supreme e non tornare mai più in questo mondo di sofferenza ed ignoranza. Ma per amore nostro, Amma dice che ritornerà, per poterci liberare. Dice di essere pronta a tornare vita dopo vita per portarci alla meta della realizzazione di Dio. In tutto l'universo non ci può essere amore più grande di questo. Dovremmo sentirci estremamente benedetti per il fatto che Amma ha per noi un amore così grande, e molto fortunati per essere arrivati a Lei e aver incominciato a fare l'esperienza del Suo amore.

C'era una volta un discepolo che viveva nell'ashram del suo Guru. La sua mente era ancora diretta verso i desideri materiali, quindi il Guru lo mandò a sposarsi, per soddisfare i desideri della mente, dicendogli di fare ritorno dopo dieci anni. Passati dieci anni, il discepolo aveva ormai diversi figli ed era diventato molto ricco. Il suo Guru gli fece visita e gli ricordò che era arrivato il momento di ritornare alla vita spirituale, ma l'uomo disse che i suoi figli erano ancora piccoli e avevano bisogno di lui. Voleva allevarli ancora per qualche anno, e poi avrebbe fatto ritorno all'ashram.

Passarono altri dieci anni, e il Guru tornò a fargli visita. Questa volta il discepolo disse che, nonostante la moglie fosse morta e i figli fossero ormai cresciuti, essi non sapevano ancora come affrontare nel modo giusto le proprie responsabilità e avrebbero potuto dilapidare tutta la sua ricchezza: aveva bisogno ancora di qualche anno finché essi non fossero diventati davvero adulti.

Passarono altri sette anni. Questa volta, quando il Guru ritornò alla casa del discepolo, c'era un grosso cane di guardia al cancello. Il Guru lo riconobbe – era il discepolo. Era morto qualche anno prima ed era rinato come cane da guardia a causa del suo attaccamento alla ricchezza e ai figli. Il Guru si inginocchiò e chiamò a sé il cane. Il cane disse: "Maestro, tra qualche anno tornerò a te. I miei figli hanno raggiunto la vetta del successo e hanno alcuni nemici gelosi da cui devo proteggerli prima di potermene andare".

Dieci anni dopo il Guru ritornò. Il cane era morto, e il Guru vide che a causa dei suoi attaccamenti, il discepolo era rinato sotto forma di un serpente velenoso che viveva in casa sotto la cassaforte. Il Guru decise che era arrivato il momento di liberare il discepolo dall'illusione. Disse al nipote del discepolo che in casa c'era un serpente velenoso e gli diede istruzione di non ucciderlo, ma soltanto di dargli una bella legnata e di portarlo a lui. Le istruzioni vennero eseguite.

Il Guru sollevò il serpente malmenato, lo accarezzò con affetto, e con delicatezza se lo attorcigliò attorno al collo. Mentre faceva ritorno all'ashram, parlò con amore al serpente: "Amato discepolo, nessuno è mai stato in grado di trascendere i desideri soddisfacendoli. La mente non è mai paga. Il discernimento è il tuo unico rifugio. Svegliati! Per lo meno nella prossima vita potrai raggiungere il Supremo!" In quel momento il serpente si ricordò della propria identità precedente e fu sbalordito. "*Gurudev*, come sei misericordioso! Sebbene io mi sia dimostrato così ingrato, mi hai seguito e ti sei preso cura di me in ogni momento. O Gurudev, mi abbandono ai tuoi piedi di loto!"

Come il Guru della storia, Amma è pronta ad aspettarci vita dopo vita, cercandoci in tutte le nostre future incarnazioni per condurci alla liberazione. Questo è puro amore, un amore che non tramonta mai, un amore che sopporta tutto ed è disposto ad aspettarci per sempre. Amma è la personificazione di questo amore.

Soltanto Amma sa cosa sia davvero l'Amore Divino. Noi non saremo mai in grado di capire davvero l'amore che ha per noi. È al di là della nostra comprensione, al di là di ogni immaginazione. Noi non abbiamo la profondità per sperimentarne più che una goccia, ma anche una sola goccia dimostra che l'amore di Amma è il più puro che ci possa essere.

Alla fine di un Devi Bhava darshan in India, la famiglia di una ragazza che vive all'ashram ha avuto l'opportunità di compiere la *pada puja* ad Amma. Amma sapeva che questa famiglia era molto povera, e si chiedeva come avesse fatto a permettersi il lungo viaggio in treno fino all'ashram. Dopo che i Suoi piedi furono stati amorevolmente lavati con yogurt, *ghi*, miele e acqua di rose, Amma fu sorpresa nel vedere il padre della ragazza che estraeva un bel paio di cavigliere d'oro e glieLe agganciava con riverenza alle caviglie. Gli chiese dove avesse trovato il denaro per acquistarle, ma lui non rispose. Uno dei suoi amici in seguito confidò ad Amma che l'uomo aveva preso in prestito il denaro, sia per il viaggio che per le cavigliere, ad un altissimo tasso d'interesse, solo per poter esaudire il desiderio della sua famiglia di adorare i piedi di Amma.

Amma in seguito ci disse che, mentre la famiglia compiva la puja, sentì che essi avevano un abbandono completo. A dire il vero, essi svolsero l'adorazione con così tanta devozione e sincerità che ad Amma vennero le lacrime agli occhi, e Lei si sentì diventare sempre più piccola, fino a che Le sembrò di entrare letteralmente nei loro cuori. Disse che la cosa si era verificata perché la loro attitudine era completamente pura. Amma dice che il vero significato del compiere la pada puja è il venerare la Verità Suprema personificata nella forma del Guru. Adorando i piedi del Guru esprimiamo la nostra umiltà e il nostro completo abbandono.

Quelle persone erano estremamente felici di avere l'opportunità di adorare i piedi di Amma, nonostante avessero dovuto indebitarsi per farlo. Amma sentì per loro così tanta compassione che in seguito disse a qualcuno di cercare un modo per aiutare finanziariamente quella famiglia senza che essi venissero a saperlo. Sebbene la gente Le abbia offerto diamanti e doni preziosi di tutti i tipi, per Amma il regalo più prezioso è un cuore puro ed altruista.

Un anno, durante un ritiro in Australia, una ragazza venne da me con le lacrime che le rigavano le guance. Disse: "*Swamini*, devo raccontarle cosa è appena successo. Amma è talmente meravigliosa, ma quanti di noi se ne rendono conto?" Spiegò che si era sentita ispirata ad avvicinarsi ad Amma durante il programma del mattino e a chiedere: "Ti prego, Amma, cosa posso fare per servire i Tuoi figli?" Amma fu molto felice di sentire questa domanda, diede alla ragazza una mela e della cenere sacra e le disse di portarle a una donna malata che era venuta al ritiro ma che si sentiva troppo male per partecipare al programma. Chiese anche alla ragazza di dire alla donna: "Ricordati che Amma è sempre con te".

La ragazza andò nella camera della donna e le riferì quello che aveva detto Amma. Applicò poi della cenere sacra sulla fronte della donna e le tagliò la mela, cercando di farla sentire il più a suo agio possibile. La signora restò in silenzio tutto il tempo. Infine disse alla ragazza che desiderava restare sola per un po'. Proprio mentre la ragazza si apprestava a lasciare la stanza, la donna la richiamò e, con le lacrime agli occhi, disse: "Sai, sono malata da molto tempo, ed ero così stanca di vivere in questo modo che questa mattina ero pronta a suicidarmi. È stato allora che sei arrivata tu con il prasad di Amma. Adesso so che Lei mi ama e che mi pensa, e mi sento di provare a continuare con la mia vita. Volevo solo ringraziarti".

Le persone hanno cercato infinite vie per sfuggire al dolore della vita nel mondo, tuttavia la maggior parte delle strade si rivelano vicoli ciechi. Non sapendo da che parte rivolgersi, la gente spesso finisce nella disperazione. Ma coloro che sono stati così fortunati da incontrare Amma hanno trovato un vero rifugio, un riparo sempre presente, e la divina compassione di un Mahatma vivente. Moltissime persone che hanno vagato per anni in un labirinto di illusioni, senza sapere dove dirigersi con il proprio dolore, hanno trovato in Amma una porta aperta verso la libertà. Dopo aver portato un peso di sofferenza per tutta la vita, è stato loro finalmente sollevato il fardello dalle spalle. Amma ha donato loro la pace.

I grandi Maestri che hanno raggiunto lo stato della realizzazione di Dio vedono l'essenza della bellezza e della divinità in ogni cosa, e considerano tutti come una personificazione del Divino. Vedono il mondo allo stesso modo di un bambino innocente. Senza sforzo vedono ovunque il proprio Sé.

Quando Amma tiene i programmi di darshan pubblico in India, vi partecipano sempre migliaia di persone; a volte anche più di 90.000 persone in un solo programma. Tuttavia Amma vede la divinità in ogni singola persona che va a Lei. Dona instancabilmente il proprio amore divino a tutti, riversando la stessa attenzione e lo stesso amore su tutti, anche dopo ventidue ore continue di darshan. Anche se il Suo corpo soffre, come spesso succede, Amma pensa sempre e soltanto ai bisogni e al comfort degli altri e mai ai propri.

Durante il programma di Mangalore nel 2004, Amma è arrivata alle sei e trenta del pomeriggio, e alle quattro di pomeriggio del giorno dopo era ancora seduta lì. Non dava soltanto il darshan, rispondeva a domande, dava consigli e si informava se le persone in coda per il darshan avessero mangiato o si fossero riposate. Quanto è grande la sua compassione, che scorre incessantemente per confortare ed elevare l'umanità.

Quello stesso anno, mentre ci trovavamo a Jaipur, Amma promise di andare a casa del Governatore per aiutarlo a distribuire dei soldi ai poveri. Ogni lunedì, per diverse ore egli riceveva dalle 800 alle 1.000 persone e dava 1.000 rupie a ciascuno. Nel giardino sul retro della casa del Governatore vedemmo tutte le persone allineate all'esterno, che aspettavano pazientemente.

Il Governatore era affascinante, un uomo anziano in abito da safari che indossava scarpe da ginnastica per potersi muovere più facilmente e poter servire meglio la gente. Continuava a ripetere: "Amma, mi hai indicato la strada, mi hai indicato la strada". Era davvero commovente vedere un uomo con tanta compassione.

Amma gli chiese di darLe gli indirizzi di tutti i poveri e disse che avrebbe cercato in qualche modo di aiutarli. Egli rispose: "Ma Amma, ci sono centinaia di migliaia di persone in queste condizioni". Amma tuttavia ripeté che avrebbe cercato di fare il possibile per aiutarli. Era uno shock vedere così tante persone povere, malate o deformi, tutte insieme. Amma disse di aver quasi perso i sensi a quella vista. Può osservare un cadavere senza scomporSi, ma veder soffrire tutte quelle persone fu troppo per Lei.

Una giovane donna era ingessata dalla testa ai piedi. Suo marito e la famiglia di lui l'avevano buttata in un pozzo perché non aveva portato una dote sufficiente alla famiglia del marito. C'erano persone a cui mancavano degli arti. Non riuscii a trattenere le lacrime quando arrivammo di fronte a due bambini che erano stati gravemente ustionati. Uno di loro aveva tre anni. Aveva un orecchio solo e due ovali di carne viva dove avrebbero dovuto esserci gli occhi. Era una vista da spezzare il cuore, qualcosa che rimarrà per sempre scolpita nella mia memoria. Dissero che la famiglia non era in grado di pagare l'affitto, e allora era stato dato fuoco alla loro capanna. Amma abbracciò il bambino e gli chiese come si chiamasse. "Akash", rispose. Il bambino rideva mentre Amma ne abbracciava con delicatezza il corpo deforme. Noi tutti eravamo stupiti che riuscisse ancora a ridere. Toccava con le sue manine il *rudraksha mala* che Amma portava al collo. Osservarlo faceva stringere il cuore – tutti noi trattenevamo a stento le lacrime.

In seguito, in macchina discutevamo di quanto fosse stato terribile vedere quei bambini ustionati. Amma all'improvviso disse che pensava che dar fuoco ai bambini poteva essere stata un'azione intenzionale della famiglia, per attirare la simpatia e l'attenzione del prossimo. Ci sconvolse pensare a cosa si possa arrivare a causa della povertà. Nei Suoi discorsi Amma ha spesso

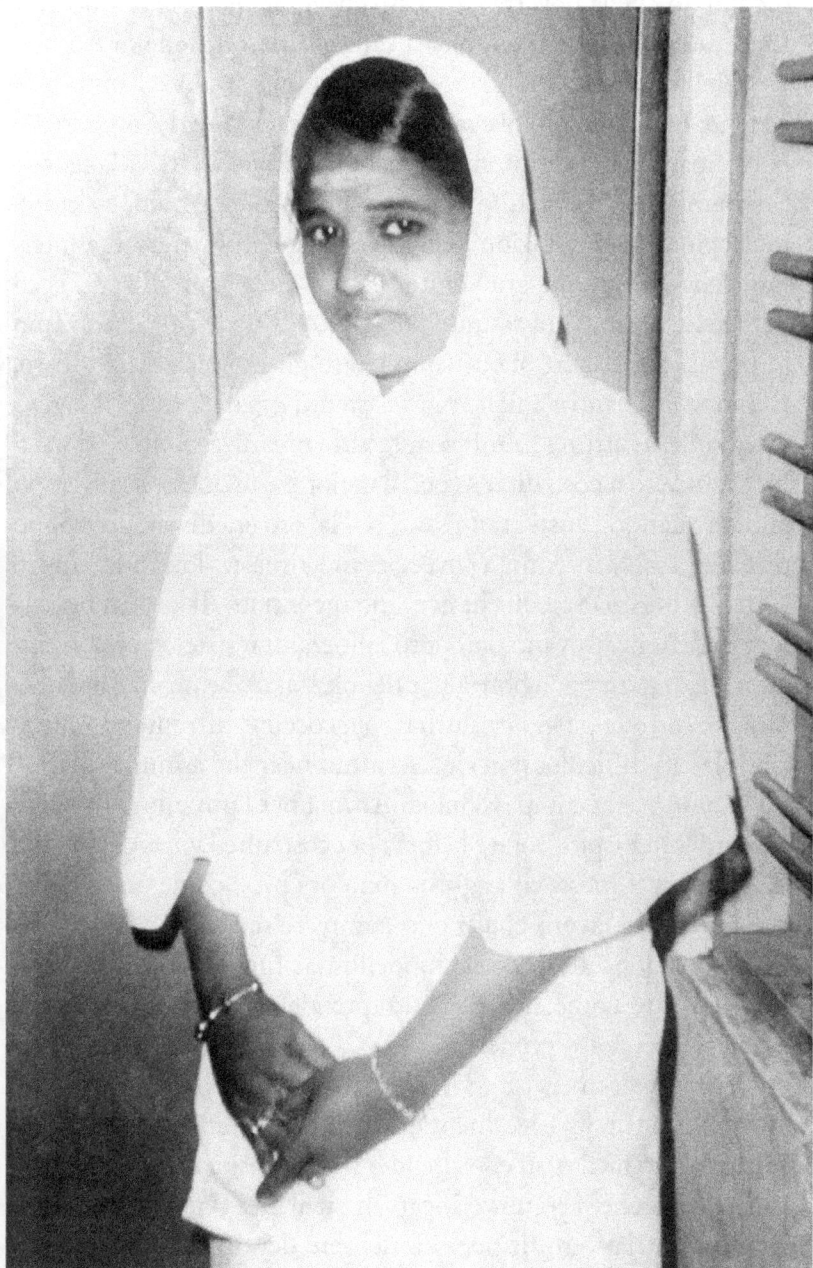

dichiarato che la povertà è il nostro peggiore nemico. Dopo aver visto tutto ciò, riuscii davvero a capire l'affermazione di Amma.

Nel febbraio 2002 ci recammo in Gujarat, dove l'anno precedente un terremoto aveva devastato l'intera area. Amma stava partecipando alla cerimonia di inaugurazione dei tre villaggi che l'ashram aveva ricostruito per le vittime del terremoto, e c'erano molti giornalisti e stazioni televisive nazionali interessati a intervistarLa. Nessuno aveva voluto aiutare questi tre villaggi, ecco perché l'ashram si era assunto il compito di ricostruirli. Eravamo la prima organizzazione a completare gli edifici – 1.200 case. Erano le case antisismiche più resistenti, grazie a tutto il lavoro extra sulle strutture. Erano venute altre organizzazioni e avevano incominciato a costruire, ma la maggior parte di esse se ne erano andate quando i costi erano saliti o il lavoro era diventato troppo difficile. I figli di Amma invece erano rimasti, lottando contro tutti gli enormi ostacoli che avevano incontrato. Il loro amore e la loro dedizione avevano dato loro la forza di resistere ai ricorrenti attacchi di malaria, febbre alta e debolezza. Avevano continuato a faticare sotto la pioggia e sotto il sole cocente, affrontando situazioni la cui difficoltà non riusciremmo neanche a immaginare.

L'amore e la compassione di Amma per l'umanità sofferente diedero loro l'ispirazione e la forza per costruire i villaggi più belli del Gujarat. Questi villaggi vengono ora presi come un esempio dell'eccellente lavoro che si può compiere se si è dotati di dedizione. Vengono usati come modello dai funzionari governativi per mostrare come si debba intraprendere e portare a termine efficientemente un progetto.

Dopo aver intervistato Amma, un reporter di una delle maggiori stazioni televisive incominciò a raccontarci, a telecamere spente, molti fatti tristi e sorprendenti a proposito della corruzione e delle frodi che si erano verificate in quell'area dopo il terremoto. Erano stati davvero in pochi a ricevere del denaro dal governo come compensazione per le perdite che avevano subito. Una signora aveva ricevuto 2.800 rupie, ma un ingegnere se ne era prese 2.000 per dei lavori da svolgere nella sua casa, e alla donna non rimaneva nemmeno la sicurezza che quei lavori sarebbero stati effettivamente eseguiti. Era deprimente venire a conoscenza della triste condizione di così tante persone.

Il giornalista fu favorevolmente colpito vedendo ciò che i lavoratori di Amma avevano fatto e osservando la loro incrollabile dedizione. Volle darci tutto il materiale che aveva raccolto durante le sue investigazioni, in modo che qualcuno potesse davvero denunciare la corruzione e aiutare la gente. Amma, con riluttanza, accettò di prendere la documentazione, ma sapevo che non l'avrebbe usata. Il Suo stile non è di mettere in evidenza gli errori altrui, ma semplicemente di dare un buon esempio.

Quella sera il programma si tenne in uno dei villaggi costruiti di recente, composto da 700 case. Quando Amma arrivò per l'inizio del programma, le persone del luogo arrivarono a migliaia per darLe il benvenuto. Avevano decorato un semplice carretto trainato da un cavallo e volevano che Lei ci salisse, come ospite d'onore. Amma generalmente non accetterebbe di fare una cosa simile, ma trattandosi di un gesto innocente ed affettuoso, Amma sorrise e acconsentì con umiltà. Salì sul carro e fu accompagnata con tutti gli onori dagli abitanti del villaggio, mentre le urla di migliaia di persone recitavano: *"Om Namah Shivaya"* e *"Om Amriteswaryai Namah"*. Amma tenne le mani giunte in rispettoso saluto mentre veniva scortata verso la zona del programma.

Uno spettatore mi raccontò di essersi molto commosso nel sentire il suono dei tamburi e le urla gioiose dei paesani. Quando il carro di Amma apparve, spinto da centinaia di mani, ebbe l'impressione che si trattasse di Sri Krishna presentatosi in tutta la Sua gloria sul campo di battaglia di *Kurukshetra* – tanto maestosa appariva Amma.

Ci furono numerosi discorsi di encomio da parte di alti funzionari governativi, che erano volati lì proprio per partecipare all'evento. Ma più straordinario del messaggio di congratulazioni del Primo Ministro indiano fu lo sguardo di orgoglio e gratitudine riflesso nei volti riconoscenti degli abitanti del villaggio che ricevettero le loro nuove case. Non avevano ricevuto soltanto delle case nuove, ma anche l'opportunità di incominciare una nuova vita con le loro famiglie. Con l'amore per Amma che splendeva nei loro occhi, si avvicinarono a Lei, porgendoLe i propri figli piccoli per una benedizione. Erano così felici di poter offrire ai propri figli l'opportunità di una vita felice e di un nuovo inizio.

Noi non abbiamo spesso la possibilità di ricostruire una casa e un nuovo futuro per gli altri, come è capitato ad alcune persone dell'organizzazione di Amma. Ma abbiamo tutti l'opportunità di aprire il nostro cuore e la nostra mente all'amore di Amma, e di trovare l'ispirazione per fare qualcosa di buono per il mondo.

Da Te fluisce la dolcezza,
come un fiume che scorre eternamente.
La Tua grazia colma di beatitudine
mai si inaridisce.
Il mio cuore trabocca di felicità
ogni volta che osservo
la Tua bellissima forma.
E ogni volta
Tu riempi il mio calice assetato.
Il mio unico desiderio è
bere per sempre la Tua ambrosia.
Provo per Te estrema riverenza
e tutto il resto svanisce.
Quali meriti ho compiuto
per ricevere la Tua generosa grazia?
Non ne so niente,
so solo di averTi amata.

Capitolo 5

La vita di Amma è il Suo insegnamento

"Per Amma non ci sono differenze.
Vede il Sé in tutto.
Amma è venuta per il bene del mondo,
la Sua vita è per il bene del mondo".

Amma

Si può trovare un insegnamento sublime in ogni azione che Amma compie, che rivela l'amore puro e la compassione che Lei dona a tutti. La Sua vita è il Suo messaggio. È una Scrittura, un incredibile esempio di fede, devozione e compassione per tutti. Presa nel suo insieme, la vita di Amma è senz'altro una delle più grandi rivelazioni della Verità Suprema mai donate all'umanità.

Sebbene Amma conosca alcune parole in molte lingue, parla fluentemente soltanto il malayalam. Le persone vengono da tutto il mondo per vederLa e trascorrere un po' di tempo con Lei. Alcune di loro non sanno nemmeno una parola di inglese, per non parlare del malayalam, eppure il loro cuore viene istantaneamente toccato dalla presenza di Amma. Non c'è bisogno di capire nemmeno una parola di quello che Amma dice, perché il Suo abbraccio comunica tutto. La sua lingua più fluente è il linguaggio del cuore.

Uno sguardo di Amma è sufficiente a penetrare profondamente nel cuore delle persone e cambiare completamente la loro vita. Basta un Suo sguardo. In una folla di ventimila persone, Amma può avere il *sankalpa* che ognuna di loro si senta amata da Lei. Quando Si guarda attorno, ogni singola persona penserà: "Amma mi ha guardato e mi ama". Ciò si verifica perché Lei ci ama davvero tutti con quel puro amore nato dal non-attaccamento. Il puro amore è l'essenza dell'intera esistenza di Amma.

L'amore di una madre la spingerà a fare di tutto per i propri figli. Durante l'ultimo tour americano, una ragazza è venuta da me e mi ha chiesto: "Posso farle una domanda? Che misura di polso ha Amma? Voglio comprarLe un braccialetto". Le risposi: "Beh, se ne prendi uno con l'elastico, riuscirai certamente ad infilarlo". La ragazza si diresse felice alla ricerca di un braccialetto, si guardò intorno a lungo ed infine trovò un braccialetto rosa di plastica che nessun altro aveva voluto. Proprio una mezz'oretta prima l'avevo messo nella sezione degli oggetti a cinquanta centesimi, sperando che qualcuno l'avrebbe comprato in fretta, in modo da potermene liberare, visto che non si trattava certo dell'oggetto più elegante nel reparto gioielleria.

La ragazza ritornò qualche minuto più tardi con un mazzo di fiori e il braccialetto di plastica attorcigliato alla base del mazzo di fiori, e disse che li avrebbe dati entrambi ad Amma. Io inorridii alquanto pensando allo stato in cui sarebbe stato il braccialetto quando fosse arrivato ad Amma, e le suggerii di tenere il braccialetto separato dai fiori. Lei accettò con gioia il mio consiglio e se ne andò. Riflettei silenziosamente tra me e me quanto fosse graziosa quella ragazzina, ma quanto fosse orribile quel braccialetto di plastica.

Alla fine del programma, mentre ce ne andavamo in macchina, mi accorsi che Amma indossava il braccialetto. Stava proprio bene sulla pelle scura di Amma.

Amma indossò quel braccialetto per giorni. Molte persone venivano da me a dirmi: "Voglio comprare quel braccialetto rosa, non importa quanto costa". Nessuno aveva voluto quel braccialetto – ma all'improvviso passò da un valore di cinquanta centesimi ad un valore inestimabile. L'amore innocente della ragazzina aveva reso il braccialetto preziosissimo. Amma aveva teneramente accettato l'offerta, fatta col cuore, di quella ragazzina.

Un anno, Amma stava conducendo l'*Atma Puja* di fronte ad una grande folla in Europa. In quella particolare occasione, invitò tutti i bambini a sedersi sul palco insieme a Lei per la puja. A volte Amma fa così per mantenere l'attenzione dei bambini, e anche per fare in modo che stiano tranquilli e si comportino bene, in modo che tutti possano svolgere la puja senza che il rumore di bambini irrequieti interrompa la loro concentrazione. Durante la puja Amma diede ad ogni bambino una caramella. Poi con cura ne piegò le cartine e ne fece delle barchette, dandone una ad ogni bambino. Verso la fine della puja una bambina incominciò a piangere silenziosamente perché la sua barchetta si era sfasciata. Quando la puja finì, Amma lasciò il palco ed entrò nel tempio improvvisato per prepararSi per il Devi Bhava. La prima cosa che disse fu: "Devo fare un'altra barca per quella bambina". Disse che durante il programma la bambina era stata molto concentrata e devota, e che era una cosa rara vedere un bambino con tanta concentrazione. L'amore rende Amma la serva dei devoti. Allora tutto si fermò per un paio di minuti mentre Amma realizzava un'altra barchetta di carta per quella bambina.

Dietro ad ogni azione di Amma troviamo le fondamenta dell'amore. Il suo amore illimitato non conosce confini e si estende a tutta l'umanità. Per noi è difficile capire anche solo in parte il concetto di amore puro, perché il nostro amore non è mai libero da attaccamenti. È intrecciato a preferenze, pretese e compravendite. Possiamo amare alcuni, ma non altri. Soltanto Amma sa amare tutti allo stesso modo e senza condizioni.

Ogni giorno siamo testimoni di questo aspetto di Amma. Mi ricordo quando, ai primi tempi, Dattan il lebbroso veniva all'ashram per il darshan. Nel periodo in cui incontrò Amma non gli era nemmeno permesso di salire sull'autobus, a causa della puzza che proveniva dalle sue piaghe aperte. Con compassione, Amma applicava con la lingua la propria saliva alle sue ferite purulente. Si dice che la saliva di un Mahatma sia una potente medicina. Mentre agli altri Dattan faceva ribrezzo, Amma riusciva soltanto a dimostrargli amore e cura. Era incredibile osservare lo sguardo che Amma aveva sul volto, lo sguardo di amore materno, come se lui fosse il Suo figlio più caro.

Alcuni di noi forse pensano di saper amare. Magari si dicono "Ti amo", anche diverse volte al giorno. Ma se questo fosse vero amore, ci sarebbe bisogno di parlarne? Quando il cuore è colmo, non c'è niente da dire, perché il vero amore è al di là delle parole – si trasmette in tutte le proprie azioni e trabocca fino ad avvolgere tutti. Questa è la ragione per cui così tante persone sono attratte da Amma, perché Lei è l'essenza del vero Amore Divino. Possiamo cercare l'amore altrove, ma niente nella vita ci darà l'esperienza del puro amore che proviamo in presenza di Amma. Soltanto questo amore puro può guarire il cuore delle persone e rimuovere il loro dolore.

Durante un recente darshan pubblico, molte famiglie si recarono da Amma con il cuore pesante, per il dolore di aver perso i propri figli durante un incendio in una scuola materna a Kumbhakonam, in Tamil Nadu, nel giugno del 2004. Erano morti 94 bambini, e i pochi sopravvissuti erano gravemente ustionati. I genitori, distrutti dal dolore, si recarono da Amma stringendo la fotografia dei loro bambini che erano bruciati vivi. Nell'incendio alcuni genitori avevano perso addirittura due figli.

Una madre era inconsolabile tra le braccia di Amma. Aveva perso il figlio. "Amma! Concedimi la grazia di vedere mio figlio ancora una volta!", piangeva. "Amma, l'ho dato alla luce, l'ho allevato e ho sofferto, e adesso non c'è più. Concedimi la grazia di vedere mio figlio ancora una volta!" Amma l'abbracciò per quasi dieci minuti, lasciando che la donna si sfinisse tra le Sue braccia. Per tutto il tempo asciugava le lacrime della donna e le proprie.

Si scoprì che al momento della morte tutti i bambini erano abbracciati. Negli ultimi momenti della loro vita si erano stretti gli uni agli altri. Amma abbraccia tutti stretti, perché sa ciò di cui hanno bisogno le persone che hanno paura o stanno soffrendo profondamente. L'amore fluisce spontaneamente da Lei.

La cosa più importante che ci insegna Amma è come amare. È ciò che di più sublime possiamo aspirare ad imparare, e tuttavia è ciò che abbiamo probabilmente compreso meno. È molto più facile imparare a meditare, recitare i mantra o fare *seva*, che ad amare davvero. Ma se non abbiamo imparato ad amare, nient'altro importa davvero.

Molti anni fa Amma stava parlando con me; io volevo affrontare l'argomento di *tapas* e *vairagya*, ma Lei continuava a riportare la conversazione all'amore. Ero un po' infastidita, perché volevo parlare di qualcosa di "più profondo" con Lei. Ma non riuscivo a farLe cambiare argomento. Infine Le dissi: "Ma io non voglio l'amore!" La risposta di Amma fu: "Allora che cosa vivi a fare?" Chiaramente, dal suo punto di vista, l'amore non è solo l'essenza della spiritualità, ma l'essenza della vita stessa.

Qualcuno una volta chiese ad Amma perché così tante persone scoppino a piangere durante il darshan. Lei rispose: "L'amore è l'essenza di ogni essere umano. Quando l'amore li tocca, quando la bontà in loro viene toccata, può traboccare sotto forma di lacrime.

È l'amore e la beatitudine che giacciono nascoste dentro tutti noi. Amma è il catalizzatore che risveglia queste qualità. I Suoi abbracci non sono puramente fisici; hanno lo scopo di toccare l'anima".

A Calcutta un giovane adolescente si recò da Amma. Un suo amico si era innamorato follemente di Amma e gli aveva raccontato di Lei, così per curiosità era venuto al darshan. Dopo aver appoggiato la testa in grembo ad Amma, incominciò a piangere. Con stupore Le chiese: "Cosa mi succede? Perché piango?" La risposta di Amma fu: "Figlio, quando incontri la tua vera Madre, l'amore che hai dentro si esprime sotto forma di lacrime". Il ragazzo riuscì così a comprendere l'amore che il suo amico aveva provato per Amma.

Quando un reporter una volta Le chiese perché abbracci le persone, Amma replicò: "Gli esseri umani nascono per fare l'esperienza dell'amore puro, ma non lo trovano mai. Lo cercano dalla nascita alla morte. Ciò che Amma si propone interagendo con le persone e abbracciandole è di risvegliare in loro l'amore puro. Nel mondo di oggi sia gli uomini che le donne hanno bisogno di qualità materne, del sentimento di incoraggiamento materno, dell'energia femminile. Ricevere questa energia li renderà indipendenti e liberi. L'unico modo in cui possiamo sentirci liberi è provando dell'amore dentro. Quando Amma abbraccia le persone, trasmette loro anche una parte della Sua energia spirituale, in modo che possano risvegliarsi all'amore puro".

Amma spiega che, qualunque siano i problemi che si possono presentare nella vita, alla fine la fede in Dio ce li farà superare. Sebbene questo insegnamento sia evidente praticamente in ogni momento della Sua vita, c'è un esempio perfetto tratto dalla Sua giovinezza. Una sera, prima dell'inizio dei Bhava darshan, il fratello di Amma, che era ostile alle Sue attività spirituali e spesso aggrediva i devoti che venivano al darshan, mandò in frantumi tutte le lampade ad olio e versò l'olio rimanente nella sabbia.

Quelle lampade erano l'unica fonte di luce per il programma che sarebbe durato tutta la notte, quindi come si sarebbe potuto svolgere il darshan? Alcuni devoti erano in lacrime, chiedendosi come fare, ma Amma disse loro di avere fede e di andare semplicemente in spiaggia a raccogliere delle conchiglie. Quando Gliele portarono, Amma disse ai devoti di mettere degli stoppini nelle conchiglie e, invece dell'olio, di versarvi semplicemente un po' d'acqua. Poi disse loro di accendere gli stoppini. Miracolosamente, quelle lampade restarono accese tutta la notte.

Amma ci insegna a vivere felicemente nel mondo, affrontando con coraggio i problemi della vita. Ci ricorda che sebbene la sofferenza esista ovunque, la fede in Dio e nel Guru è la medicina che cura tutti i mali. È come una zattera di salvataggio che ci può far attraversare l'oceano della sofferenza. Non possiamo sfuggire ai problemi. Soffrire può essere il nostro destino, ma Amma ci insegna ad affrontare i problemi con forza e coraggio, considerandoli opportunità di crescita spirituale. Lei dice che se non avessimo la sfida dei problemi, non ci sarebbe crescita. Una fede salda ci dona sia pace mentale che appagamento nella vita, e ci fornisce il coraggio per resistere a qualsiasi tempesta si presenti.

All'inizio del 2004 Amma visitò per la prima volta Surat, nello stato del Gujarat. È sempre emozionante e imprevedibile quando Amma tiene un programma in un posto nuovo. Non sappiamo quanto sarà grande la folla o se le persone saranno calme o indisciplinate. Viaggiando con Amma da molti anni, ho visto le folle diventare sempre più grandi, e le persone sempre più impazienti, addirittura disperate, di incontrarLa. A Surat le cose andarono proprio così.

Il luogo del programma era vicinissimo all'abitazione in cui alloggiavamo. Da un certo punto di vista la cosa era conveniente, ma quando Amma volle dare un darshan privato ad alcune persone, arrivarono circa 2.000 persone dal luogo del programma.

La folla era incontrollabile e finì col riempire la casa e bloccare le scale, rifiutandosi categoricamente di muoversi. Dissero tutti che non se ne sarebbero andati senza aver visto Amma e ricevuto il Suo darshan. Uno dei brahmachari li bloccava in cima alle scale, mentre tutti noi eravamo intrappolati al di sopra o al di sotto. Nessuno poteva né salire né scendere. Le porte scorrevoli di vetro della stanza di Amma tremavano, ed eravamo preoccupati che si potessero rompere a causa della folla isterica che spingeva dall'esterno. Amma voleva far entrare la gente per il darshan, ma tutti dicevano che sarebbe stato troppo pericoloso, vista l'instabilità della folla.

Amma era seduta su un divano e chiese una biro. Prese ogni singolo pacchetto di vibhuti che avevamo messo su un vassoio nella Sua stanza e incominciò a scrivere con concentrazione: "*Om Namah Shivaya, Om Namah Shivaya*" su ogni bustina. Mentre scriveva, Amma sembrava essere in un altro mondo. Ebbi l'impressione che in qualche modo stesse incanalando così un po' della tensione, o prendendo una qualche risoluzione.

Non ci fu alcun cambiamento nell'atteggiamento delle persone che bloccavano la strada. Siccome eravamo in ritardo, Amma decise all'improvviso di uscire e recarsi al programma. Tutti noi ci allarmammo quando apparve alla porta. Temevamo che potesse venir schiacciata dalla folla, ma Lei incominciò semplicemente a farsi largo attraverso la folla smaniosa e giù per le scale, abbracciando tutti sul Suo cammino. Mentre gli altri avevano cercato di allontanare la gente, Amma prendeva tutti nelle Sue braccia, e finì col districarSi da questa difficile situazione grazie agli abbracci. In piedi dietro a Lei, fui sbalordita nel vedere Amma, nel Suo stile abituale, accettare ogni cosa e attirare tutti a Sé, avvolgendoli nell'amore, in modo così diverso da come fanno le persone normali come noi, che rifiutano e allontanano da sé le cose.

La folla era davvero incivile. Uno dei brahmachari che si era portato avanti restò bloccato nella folla. Vide uno dei devoti con un telo giallo simile a un *dhoti* intorno alle gambe. Guardando in basso, vide che si trattava del *proprio* dhoti attorcigliato attorno alle gambe del devoto! Nella suprema confusione il dhoti gli era stato strappato via!

Quando infine raggiungemmo la macchina eravamo stremati, avendo dovuto farci strada tra la folla. Ma Amma riuscì a farsi strada senza sforzo, abbracciando le persone invece di allontanarle. In seguito qualcuno menzionò ad Amma quanto era stata violenta ed aggressiva la folla, e di aver temuto per la nostra sicurezza. La visione di Amma fu completamente diversa. Ella ci sorprese dicendo: "In verità, è stato bellissimo vedere l'amore di queste persone. La maggior parte di loro non aveva mai incontrato Amma, eppure erano pronti ad aspettare a lungo anche per vederLa solo un attimo. Avevano davvero tanta devozione".

Swami Vivekananda una volta commentò: "Nella mia insignificante vita ho sperimentato che delle buone motivazioni, la sincerità e un amore infinito conquistano il mondo". Amma, nel suo modo di fare unico, semplicissimo e umile, sta diventando uno dei più grandi conquistatori di questo mondo. Non impugnando una spada, ma abbracciando il mondo con amore.

Non desidero nessun dono sublime
ma solo di poterTi umilmente amare.
Non desidero né la liberazione né l'immortalità,
queste cose puoi darle agli altri.
Sono pronta a rinascere un qualsiasi numero di volte
e a sopportare qualsiasi dolore
se solo mi prometti
che dimorerai nel mio cuore per sempre
e mi insegnerai ad amarTi.

Capitolo 6

Attaccamento al Guru

"Non pensate di essere fisicamente lontani da Amma.
Smettete di ascoltare la vostra mente
e sentirete che Amma è proprio lì nel vostro cuore.
Allora saprete che Amma non vi ha mai dimenticato,
che siete sempre esistiti in Lei e sempre lo sarete".

Amma

Diverse volte all'anno Amma sale su un aereo e vola dall'altra parte del mondo, lasciando in India i Suoi figli col cuore infranto. Sebbene una parte del mondo soffra per l'agonia di essere separata da Lei, l'altra parte del mondo gioisce per il Suo arrivo. Le azioni di un'anima che ha realizzato Dio non possono mai essere egoiste; saranno sempre solo di beneficio al mondo. Nell'atto di lasciarsi dietro i Suoi figli, Amma dà loro la possibilità di rafforzarsi attraverso il doloroso desiderio di Lei. La loro devozione diventa profonda e fermamente radicata grazie all'assenza fisica di Amma, che spezza loro il cuore, costringendoli a ricercarLa dentro di sé.

Sul fronte occidentale, Amma appare come una ventata d'aria fresca per una persona sul punto di annegare. Conforta e lenisce i dolori di coloro che bruciano nel fuoco dell'esistenza mondana. Per le molte persone che si recano da Lei, c'è finalmente il barlume di una speranza nella loro vita vuota. Persone che non hanno mai davvero creduto in Dio hanno finalmente una qualche fede a cui aggrapparsi. Queste innumerevoli anime gioiscono di avere Amma nuovamente tra loro. Lontane da Amma per così a lungo, desideravano che Lei le abbracciasse e con le Sue carezze allontanasse i fardelli di dolore accumulati vivendo nel mondo. Cuori in lutto in India, cuori gioiosi in Occidente: tutti i cuori sono colmi soltanto di Lei.

Negli anni in cui Amma ha viaggiato in Occidente, in ogni luogo che visita le folle sono sempre aumentate. Attraverso il contatto con Amma, nel cuore di così tante persone è sbocciata una vita di devozione e amore per Dio. Osservare il cambiamento nelle persone nel corso degli anni è stato come vedere i petali di un fiore che si aprono, sbocciando per salutare il sole. Le persone hanno aperto il loro cuore e la loro vita per far entrare Amma nel profondo di sé, grazie all'amore e alla devozione che hanno sviluppato per Lei.

Una ragazza che incominciò ad incontrare Amma durante i Suoi primi tour degli Stati Uniti era solita presentarsi trasandata con i dreadlocks al vento mentre ballava beata durante i bhajan di Amma. Dopo essere stata con Amma per un po', cominciò a indossare un lenzuolo bianco. Non aveva mai un soldo, ed era l'unica cosa che si poteva permettere che assomigliasse ad un sari bianco – desiderava moltissimo diventare uno dei figli di Amma. Adesso, dopo qualche anno, ha un obiettivo chiaro e forte in mente. Si è trasformata in una bellissima ragazza, e sta studiando medicina in modo da poter servire Amma lavorando all'AIMS al servizio dei poveri.

Tutto il creato è attratto da Amma. Proprio come le persone, anche gli animali e gli insetti La trovano irresistibile. Recentemente, quando eravamo a Trivandrum, ero seduta sul palco dietro ad Amma e notai un'ape che Le ronzava attorno. Sotto il Suo sari c'era un'altra ape che voleva avvicinarsi ancora di più. Poi, nel bel mezzo dei bhajan, Amma all'improvviso si voltò e mi consegnò la bacchetta di legno con cui tiene il tempo. Per un attimo il mio cuore si fermò: pensai che mi avrebbe chiesto di condurre i bhajan! Ma poi mi accorsi che sulla punta della bacchetta si era posata un'ape. Amma voleva che le si trovasse una dimora sicura, una volta che l'ape aveva ricevuto la Sua benedizione, proprio come con ogni altro Suo figlio che trova rifugio tra la Sue braccia. Portai la bacchetta verso il bordo del palco e osservai l'ape volare via beata.

In un'altra occasione vidi una farfalla posata sulla ghirlanda di Amma durante un Devi Bhava e pensai: "Che bello. Tutta la natura vuole venire al darshan". La lasciai stare. Dopo essersi saziata volò via, ma un paio di minuti dopo tornò per un'altra razione. Incominciai ad infastidirmi un po', perché tutti sanno che si può ricevere un solo darshan al giorno, e due darshan non sono affatto permessi, per quante gambe o ali si abbiano!

Proprio come la farfalla e l'ape furono attratte da Amma, questa attrazione che abbiamo per Lei può essere vista anche come un attaccamento. Sebbene l'attaccamento sia generalmente considerato come qualcosa che ostacola il nostro sviluppo spirituale, il legame che formiamo con il Guru accelera il nostro progresso spirituale e ci apre il cuore. Amma dice che è estremamente importante creare un legame di amore, fede e abbandono con il proprio Guru. Questo può bastare a condurci alla meta. Tutte le nostre austerità non ci aiuteranno a progredire quanto la creazione di un legame con un Maestro perfetto, perché in ultima analisi è soltanto la grazia del Guru che distruggerà il nostro ego.

Possiamo anche meditare per molte ore o compiere austerità di qualunque tipo, possiamo studiare le Scritture per anni e imparare a recitare migliaia di mantra, ma tutto questo non ci garantisce che raggiungeremo la meta della realizzazione del Sé. Quando creiamo questo legame di amore con il Guru, non possiamo lasciarlo mai più. Questo legame si mantiene attraverso le varie vite ed infine ci condurrà alla meta.

Per creare un legame con Amma, non è necessario star sempre fisicamente accanto a Lei. Sebbene ad alcuni possa sembrare che per i residenti dell'ashram sia più facile avere un legame più forte con Amma, ciò non è necessariamente vero. Negli ultimi anni Amma non passa mai più di due mesi di seguito all'ashram in India. Dopo qualche mese parte per un tour in India o in qualche altra parte del mondo. I residenti che restano all'ashram hanno dovuto imparare a mantenere un saldo legame con Amma durante la Sua assenza fisica. Chi vive lontano da Lei può condurre una vita basata sulla spiritualità proprio come chi vive nell'ashram con Amma. Possiamo costruire un rapporto con Amma e progredire spiritualmente ovunque ci troviamo.

Una devota di Bombay mi ha raccontato la storia di una sua amica che non aveva mai incontrato Amma, e fece il viaggio fino all'ashram di Amritapuri per conoscerLa. L'amica era un po' scettica nei riguardi di Amma e pensava che forse Lei dimostrasse più attenzione alle persone ricche e famose piuttosto che a quelle povere. La devota era riluttante a esprimere la propria opinione perché temeva di influenzare la sua amica, e pensava che sarebbe stato meglio se la donna avesse toccato con mano l'imparzialità e l'amore di Amma per tutti. Rimase quindi in silenzio.

Quando arrivarono alla stazione nei pressi dell'ashram, un anziano facchino si avvicinò a loro. Quando capì che si stavano recando ad Amritapuri, espresse una grande felicità, e disse loro di essere uno dei devoti preferiti di Amma, e che Lei lo amava moltissimo. In verità, disse, ogni volta che lui faceva visita all'ashram Amma lo faceva sedere a lungo accanto a Sé. Il facchino disse che *doveva* andare a trovare Amma ogni settimana, altrimenti Lei sentiva troppo la sua mancanza!

Sentendo ciò, la scettica non poté far a meno di commuoversi. Sebbene agli occhi del mondo questo facchino non fosse che un pover'uomo anziano, Amma lo amava moltissimo. Creando un legame d'amore così forte con lui, Amma lo conduceva lungo il sentiero spirituale. La sua vita semplice era resa gioiosa da questa speciale attenzione di Amma.

Amma forma questo legame con ciascuno di noi, ma noi dobbiamo fare la nostra parte. Ciò non significa necessariamente starLe sempre seduti vicino o servirLa personalmente. Se La ricordiamo con amore, fede e devozione, il legame si solidificherà. Le *gopi* di *Vrindavan*, per esempio, non praticavano una meditazione formale né austerità. Compivano tutte le loro azioni – fare il bucato, cucinare, allevare i figli, fare il burro, prendere l'acqua al fiume – ricordando Sri Krishna, addirittura immaginando di fare tutto questo per Krishna. Alla fine esse divennero tutt'uno con Lui grazie al potere della loro fede e del loro abbandono.

Amma una volta ha raccontato una bellissima storia a proposito di una delle gopi e del suo amore per Krishna. Quando questa gopi sentì il suono del flauto di Krishna provenire dalla foresta, voleva precipitarsi a raggiungerLo, ma suo marito la bloccò e non le permise di andare. Lei era talmente disperata che divenne come un pesce fuor d'acqua, tremante ed in stato di shock per non poter raggiungere Krishna, tanto che lasciò all'istante il corpo. Al marito restò il corpo che voleva, ma la sua anima divenne una cosa sola con Krishna.

Per Amma non esiste differenza tra la vita spirituale e quella materiale, perché Lei vede Dio in tutto. Anche noi dovremmo sforzarci di raggiungere questa visione sublime.

Quando arrivai all'ashram per la prima volta, molti anni fa, Amma mi disse: "Una persona dovrebbe sviluppare attaccamento o verso Amma o verso l'ashram". Mentre la maggior parte delle persone sceglieva Amma, stranamente io scelsi di sviluppare un attaccamento all'ashram. Tradizionalmente si ritiene che l'ashram sia un'estensione del corpo del Guru.

Il Guru non è limitato a un corpo, perché è il principio cosmico supremo inerente in ogni atomo del creato. Nella mia vita ho capito che se abbiamo sincerità verso l'ashram, ciò ci avvicinerà ad Amma.

L'attaccamento che proviamo verso Amma non è come gli altri. Gli attaccamenti al nome, alla fama e alla ricchezza creano ostacoli spirituali, mentre quello per Amma fa progredire la nostra crescita spirituale. L'attaccamento alla forma del Guru è come una scala che ci può condurre alla vetta della realizzazione del Sé. Dopo esser saliti sul tetto non avremo più bisogno della scala. Amma ci permette di sviluppare attaccamento alla Sua forma per condurci sempre più in alto verso la meta finale. Quando raggiungeremo la meta, saremo in grado di abbandonare completamente l'attaccamento alla forma fisica.

Amma ci dice sempre che se vogliamo sviluppare amore per Lei, non dobbiamo avere attaccamento solo nei confronti della Sua forma esteriore; dobbiamo cercare di afferrarLa all'interno e allora L'avremo per sempre. Se amiamo soltanto la forma esteriore di Amma, quell'amore potrà sbiadire, perché è volubile, basato sulle onde della mente. Un giorno siamo innamorati, quando Amma ci presta attenzione, e il giorno dopo non lo siamo più, quando ci sembra di venire ignorati.

Un pochino di amore per Amma non è sufficiente a tenerci fermamente ancorati al sentiero spirituale. Dobbiamo avere una fede forte e incrollabile unita alla devozione. La vera devozione non ha niente a che vedere con un'adorazione idiota, col sentimentalismo o col fanatismo. Né si tratta di seguire gli ordini di qualcuno senza usare il discernimento. Vera devozione è amore puro che sboccia dall'anima – è la grazia che nasce in seguito ai nostri sforzi.

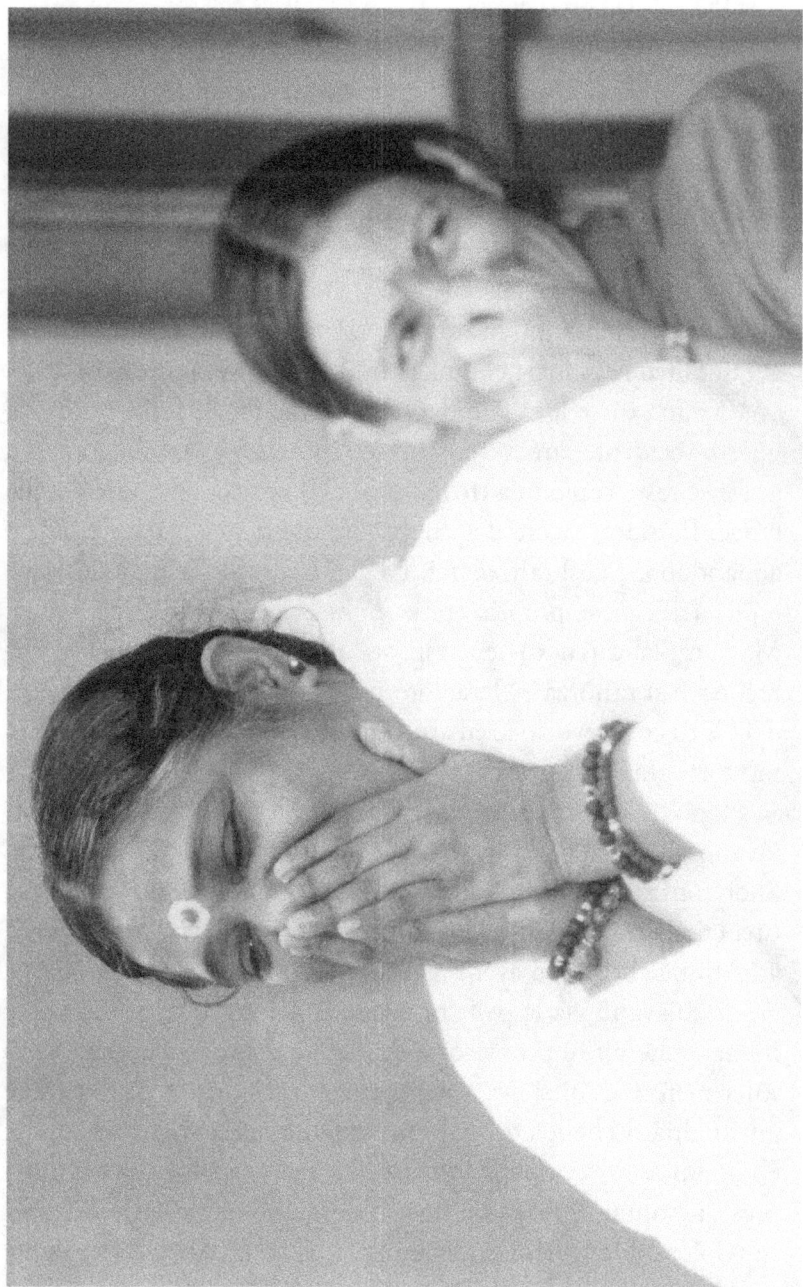

Il forte legame che formiamo con il Guru ci può aiutare a superare situazioni problematiche e a uscire indenni da periodi difficili. Questo attaccamento approfondisce la nostra fede e ci può insegnare l'abbandono.

Nel giugno del 2000 ci fu un terribile incendio nella cucina dell'ashram di San Ramon in California durante un programma di Amma. Diverse persone rimasero ferite. Quella sera Amma andò a trovarle in ospedale. Non ho mai visto delle persone aver tanto abbandono in una situazione così terribile. Sembrava avessero fede e fiducia complete in Amma e nel proprio destino.

Amma disse loro che ovunque al mondo si fossero trovati, questo incidente sarebbe comunque successo, e sarebbe stato più grave se fosse capitato altrove. Disse: "Il nostro è il sentiero della croce. Possiamo avere dei dubbi, oppure possiamo avere fede e abbandono, e così rafforzarci. La candela si fonde quando viene esposta al calore, proprio come il ghiaccio si scioglie nell'acqua. Ma l'argilla, quando viene esposta al calore, si trasforma in terracotta e si rafforza". Disse loro che se si aggrappavano ai piedi del Guru con devozione ed abbandono sarebbero diventati molto più forti grazie a questa esperienza.

Uno di loro ammise ad Amma che all'inizio, mentre lo portavano all'ospedale, aveva provato della rabbia e dei dubbi nei Suoi confronti, e si era chiesto perché Amma avesse permesso una cosa simile mentre loro stavano facendo seva. Disse inoltre ad Amma che, dopo aver raggiunto l'ospedale, quando i dottori gli raschiavano via la pelle bruciata, il dolore era stato talmente intenso che all'improvviso il cuore aveva preso il sopravvento sulla mente, e lui si era semplicemente sciolto; in quell'istante gli fu chiaro che le cose avevano dovuto andare in quel modo, e che lui si doveva abbandonare. La sua devozione per Amma prese il sopravvento sulle domande della mente e persino sul suo dolore. Dopo essersi pienamente ristabilito, l'estate seguente ritornò gioiosamente allo stesso seva in cucina. Ogni anno non vede l'ora di servire Amma in questo modo. La sua devozione e il suo abbandono in una situazione così difficile furono una grande lezione e fonte di ispirazione per tutti noi. Amma dice che il sentiero della devozione è di gran lunga il più facile. Il Signore Buddha una volta disse: "È soltanto attraverso la devozione che realizzerete la Verità Assoluta. La Verità Assoluta non può essere realizzata sul piano della mente comune, e il sentiero che conduce oltre la mente comune passa soltanto attraverso il cuore. Questo sentiero del cuore *è* devozione".

Nei primi tempi, Amma ci diceva di non meditare sulla Sua forma, ma di scegliere un'altra forma per la meditazione. Diceva che avremmo dovuto avere un ardente desiderio di qualcosa che non avevamo, e poiché vivevamo con Amma, Lei era sempre con noi. Per esempio, diceva Amma, se facevamo un errore e Lei ci sgridava, sarebbe stato difficile per noi metterci seduti e meditare sulla Sua forma, perché l'ego si sarebbe ribellato alla sgridata.

Poiché gli occidentali generalmente credono in un Dio senza forma, chiesi ad Amma come potevamo concentrarci su un Dio con forma quando credevamo nell'aspetto privo di forma. Amma replicò: "Fate semplicemente finta di avere devozione e un giorno l'avrete davvero".

Io pensai a tutte le varie forme di Dio ed infine scelsi di meditare su Krishna, ma non riuscivo a trovare da nessuna parte una Sua immagine che mi piacesse davvero. C'era una persona che aveva l'unica immagine verso cui mi sentissi attratta, ma non me la voleva dare. Un giorno, sentendomi davvero frustrata, piansi e pregai Krishna: "Non riesco proprio a trovare una Tua immagine. Ho cercato dappertutto, ma non riesco a trovarTi. Sei Tu allora che dovrai venire a me".

Quella sera avevamo un programma fuori dall'ashram. Dopo la fine dei bhajan, ci recammo in una casa nelle vicinanze, perché generalmente i devoti ci preparavano la cena. Quando entrammo in casa, vidi due immagini identiche di Krishna sul muro, una accanto all'altra. La forma di Krishna era bellissima, e ne fui immediatamente attratta. Poiché ce n'erano due, non mi sentii a disagio a chiedere ai padroni di casa se potessi averne una. Loro me la diedero con gioia. Questa divenne l'immagine che usavo per la meditazione. Incredibilmente, Krishna aveva sentito le mie preghiere e mi era apparso quella stessa sera. Vent'anni dopo, questa immagine è ancora nella mia camera.

Feci finta di avere devozione per Krishna, cercando di sviluppare un po' di amore per la Sua forma. In un'altra occasione ci recammo in una casa di Cochin per un piccolo programma. Mi ricordo che ero seduta, e che cercavo di meditare un po' in presenza di Amma. Rimasi completamente concentrata per molto tempo. All'improvviso nella mia mente apparve in modo chiarissimo una visione di Krishna, e con le lacrime agli occhi sentii che nel mio cuore si stava sviluppando l'amore per Krishna.

A quei tempi ero solita meditare sulla veranda della stanza di meditazione. Mi ricordo che continuavo a piangere pensando a Krishna mentre meditavo. Questa era per me una cosa insolita e così chiesi ad Amma: "Questa è devozione o sentimentalismo?" Amma rispose: "Un po' sentimentalismo, ma principalmente devozione. Essere in grado di piangere per Dio è come avere il biglietto vincente della lotteria". Avevo creduto ad Amma quando aveva detto di far finta di avere devozione, e la cosa si era avverata.

Una volta che abbiamo sviluppato devozione e amore per Dio, non li perderemo più. Sebbene a volte possano affievolirsi, non ci abbandoneranno mai. Questo è stato uno dei regali più grandi che Amma mi abbia fatto.

Quando il Maestro penetra nel profondo del nostro cuore e ci concede un bagliore dell'essenza della nostra vera natura divina, allora un'onda di gioiosa gratitudine scorre verso Colui che ci ha aiutati a percepirla. Quando scopriamo il nostro vero Sé, nel nostro cuore sbocciano desiderio intenso e rispetto per chi ci ha aiutati.

Ho gettato via gli ornamenti di questo mondo.
L'unico gioiello che bramo indossare
è quella preziosa ghirlanda di devozione a Te.
Le mie lacrime di amore per Te
sono la vera ricchezza
in questo falso mondo di illusione.
Tutto il resto svanisce
quando contemplo la Tua forma blu come il loto.

Signore di compassione,
come può non commuoverTi il mio cuore infranto?
Non chiedo altro che
il tocco dei Tuoi piedi di loto
e l'amore per Te
a farmi sempre compagnia.

Le nuvole dell'illusione
non possono più entrare nella mia mente.
Sono spazzate via
dalla Tua forma
che dimora, protettrice, nella mia mente.
Tutti i miei desideri
si sono dissolti.

Capitolo 7

Viaggio sacro

*"All'inizio, per gli aspiranti spirituali
è di beneficio recarsi in pellegrinaggio.
Un viaggio costellato di difficoltà li aiuterà
a comprendere la natura del mondo".*

Amma

Una notte di qualche anno fa, alla fine del Devi Bhava, Swami Ramakrishnananda si avvicinò a me e mi chiese se avessi ancora la patente. Io risposi di sì. Lui allora mi chiese di andare a mettere in valigia velocemente poche cose, perché Amma voleva lasciare l'ashram per un po' e voleva che io andassi con Lei.

Erano le prime ore del mattino quando scivolammo via di nascosto dall'ashram e ce ne andammo con la macchina di Amma. Non avevo la più pallida idea di dove stessimo andando, e nemmeno mi preoccupavo, visto che si trattava comunque di una meravigliosa avventura con Amma. Ero seduta davanti, sul sedile del passeggero, mentre Amma era sdraiata dietro e Swami Ramakrishnananda guidava. Dopo aver viaggiato per un po' lungo la strada costiera, Amma mi disse di mettermi al volante. Ero contenta di non aver mangiato niente quella notte, perché altrimenti sarei stata malissimo di stomaco. Erano passati dieci anni dall'ultima volta che avevo guidato, ma speravo che fosse qualcosa che non si dimentica mai, proprio come andare in bicicletta. In ogni caso, sapevo che c'era un buon pilota sul sedile di dietro, e che se anche mi fossi dimenticata quale fosse il pedale del freno e quale quello dell'acceleratore, con la Sua grazia saremmo sicuramente arrivati a destinazione.

A quell'ora di notte non c'era un gran traffico, quindi la guida si rivelò facile. Ci dirigemmo verso la nostra destinazione, che sarebbe stata Kanvashram, un solitario eremitaggio nella foresta presso Varkala, a due ore di distanza. Quando arrivammo all'ashram il giovane guardiano si rifiutò di aprire il cancello, dicendo che il vecchio swami che viveva lì gli aveva dato ordine di non aprire la porta a nessuno.

Dicemmo al ragazzo che era *Amma* a voler entrare, ma lui non riusciva a capire di quale Amma si trattasse. Ci disse che ci avrebbe aperto il cancello soltanto con il permesso scritto dell'avvocato incaricato delle questioni legali. Fortunatamente l'avvocato viveva lì vicino, così Swami Ramakrishnananda si allontanò per ottenere il permesso, lasciandoci felicemente accoccolate sul terreno roccioso, mentre Amma si sdraiava sul mio grembo a guardare le stelle.

Arrivarono alcune persone mattiniere del luogo, con cui Amma parlò affettuosamente per un po'. Esse incominciarono a raccontarci dei gatti selvatici che vivevano in quell'area, dicendo che non solo ci sarebbero saltati addosso e ci avrebbero morsicati, ma ci avrebbero anche schiaffeggiato sul viso con le zampe. Era un po' come raccontare delle storie di fantasmi a dei bambini prima della buonanotte, ma mi sentivo sicura sotto la protezione della Madre Divina dell'Universo.

Infine Swami Ramakrishnananda ritornò munito di un documento che ci permetteva di entrare all'ashram. Quando il vecchio swami venne al cancello e vide che era *questa* Amma a cui era stato negato l'ingresso, ebbe quasi un attacco cardiaco.

Era estremamente turbato per aver fatto aspettare Amma fuori così a lungo. Disse che eravamo i benvenuti, ma spiegò con tono di scusa che tutte le stanze erano chiuse, e lui non aveva le chiavi, quindi non c'era un luogo adatto per noi. L'unico posto disponibile era un riparo fatto di foglie intrecciate, aperto sui quattro lati. Amma disse che andava bene, e quando lui ci accompagnò lì, Amma rise felice e ripeté il mantra sanscrito *"Tyagenaike amritatvamanashuhu"* (Soltanto attraverso la rinuncia si raggiunge l'immortalità). Questo mantra è il motto dell'ashram di Amma, e trasmette l'essenza della Sua vita e dei Suoi insegnamenti. Amma potrebbe avere qualsiasi comodità del mondo, ma eccola lì, felice di dormire su un nudo pavimento di cemento in una capanna aperta.

Distendemmo un sottile lenzuolo di cotone su cui sdraiarci, e io mi coricai accanto ad Amma, mentre Swami Ramakrishnananda si sdraiò ad una certa distanza. Si era assunto il ruolo di nostro protettore e guardiano, e come difesa contro i gatti selvatici aveva trovato un manico di scopa, e se lo teneva accanto nel caso venissimo attaccati.

Dopo esserci sdraiati da soli cinque minuti, sentimmo un rumore. Amma saltò su dicendo: "Sono i gatti! Sono i gatti!" Swami ed io balzammo in piedi in preda al panico. Un attimo dopo ci guardammo l'un l'altro e scoppiammo a ridere, poiché si era trattato soltanto di un rumore della giungla. Dopo esserci sdraiati di nuovo, la scena si ripeté. La cosa successe diverse volte. Lo trovavamo incredibilmente divertente, e continuavamo a ridere invece di dormire.

Una volta, però, l'animale arrivò davvero. Sentimmo dei fruscii infausti nelle foglie lì vicino. Swami si alzò velocemente, armato della sua scopa, pronto a balzare sul gatto selvatico prima che lui potesse balzare su di noi. Mi alzai anch'io, camminando in punta di piedi con la mia minuscola pila elettrica... ed *eccolo lì*!

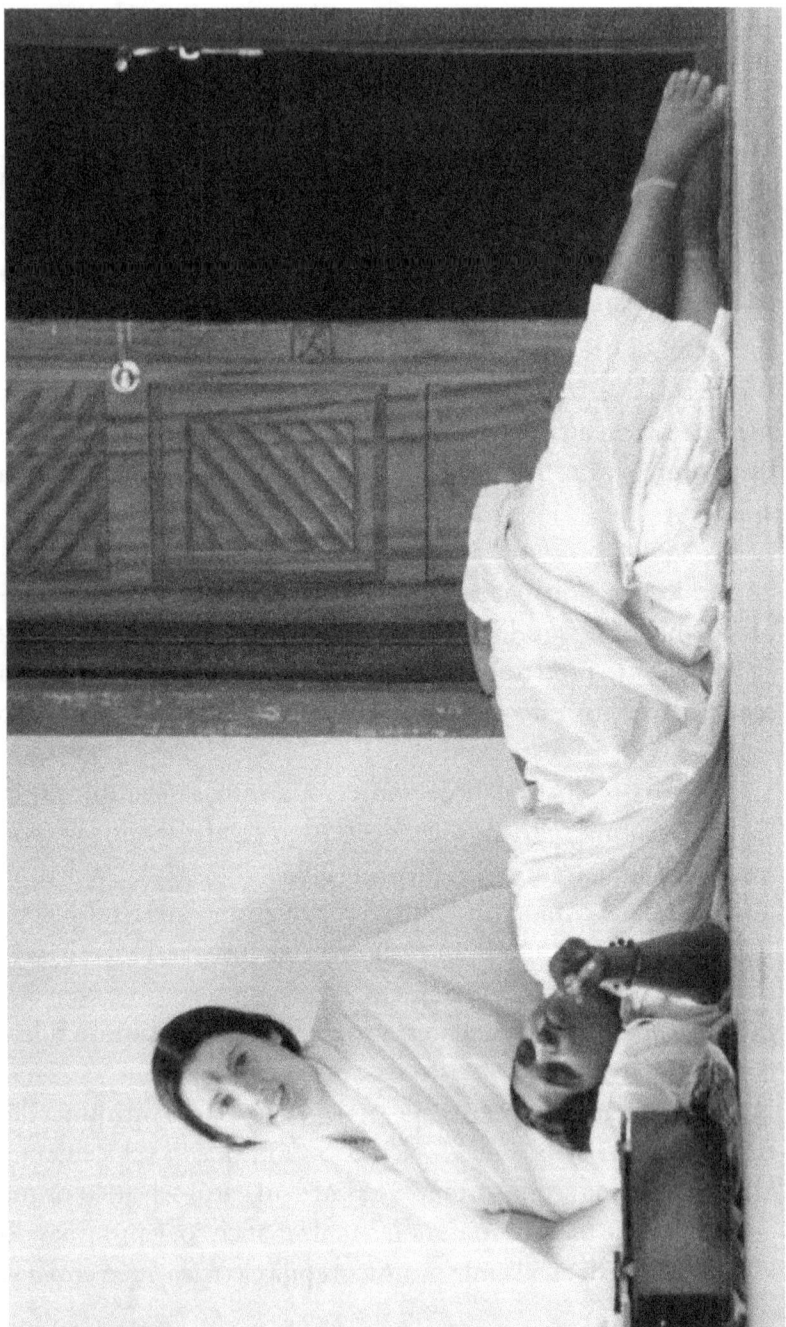

"Sì, proprio una bestia selvatica!", commentammo mentre un vecchio cane ci passava accanto. La povera cagna sembrava aver dato alla luce centinaia di cuccioli nella sua vita. Noi continuammo a ridere, ed infine abbandonammo l'idea di riaddormentarci. Chi ha bisogno di sonno quando si trova con Amma?

Il mattino dopo Amma rimandò Swami Ramakrishnananda ad Amritapuri, perché non voleva che gli altri brahmachari pensassero che Amma facesse dei favoritismi. Rimasi così sola con Amma. Poter trascorrere una giornata da soli con il proprio Guru è il desiderio segreto del cuore di ogni discepolo.

Siccome non c'era una toilette, decidemmo di fare il nostro bagno mattutino nello stagno dell'ashram. L'acqua era piuttosto scura e torbida, ma comunque fresca e tonificante. Amma era felicissima di trovarsi in acqua e galleggiava felicemente sulla schiena, nella posizione del loto. Io ero contenta di rimanere sul bordo dello stagno ad osservare Amma che galleggiava in pace per conto Suo, godendosi la solitudine di questi momenti passati nell'acqua. Quando uscimmo dallo stagno eravamo un pochino più sporche di quando eravamo entrate, perché avevamo la melma scura addosso. Tuttavia non ce ne importava, visto che quel giorno non c'erano programmi né impegni ufficiali a cui partecipare, e potevamo perciò permetterci un aspetto non ottimale.

Amma era deliziata di trovarsi all'aperto, e spesso si guardava intorno, osservando gli alberi e il cielo, dicendo quanto fossero belli. Molto raramente negli ultimi anni ha avuto la possibilità di guardare il cielo senza essere subito circondata da una gran folla. Ecco qui la Creatrice dell'Universo ammirare la propria creazione.

Avevamo programmato di star via due giorni, ma in mattinata Amma sentiva già il dolore di tutti i figli che aveva lasciato e che ora sentivano la Sua mancanza. Nel pomeriggio, quando mi sedetti sul bordo dello stagno accanto ad Amma, Lei cantò un bhajan con tristezza – un bhajan rivolto al cielo, alle pietre e all'acqua, a tutto il creato. Mentre cantava, le lacrime Le rigavano il volto. Mi chiedevo perché piangesse. Piangeva per tutti noi, intrappolati nella morsa di *maya*? O per coloro che non erano capaci di piangere per Dio, offrendo le Sue lacrime per loro? O piangeva per l'egoismo così profondamente radicato in noi, che aveva cercato di sciogliere senza successo nel corso degli anni?

Infine Amma si alzò e disse: "Torniamo a casa. I figli sono tutti tristi. Non riescono a sopportare l'assenza di Amma". Ero davvero sconcertata. Amma avrebbe potuto rimanere a godersi la pace e la solitudine di quei bellissimi luoghi, con l'opportunità rara di trascorrere qualche momento da sola. Ma è mai capitato che Amma dia la priorità alla propria gioia e comodità piuttosto che al dolore degli altri?

Partimmo per l'ashram. Lungo la strada, sembrava che si manifestassero ostacoli di tutti i tipi per mettere alla prova la mia abilità al volante. Ad un certo punto apparve addirittura un elefante che guidava una parata molto affollata. Fortunatamente riuscii ad evitare di andare a sbattere contro qualcosa.

Quando eravamo ormai giunte circa a metà strada, un veicolo proveniente dalla direzione opposta incominciò a suonare il clacson, e vedemmo che il passeggero gesticolava freneticamente, facendo segno di fermarci. Uno dei residenti aveva deciso di indagare sulla nostra scomparsa e aveva preso un taxi per venire a cercarci. Amma scoppiò a ridere come una ragazzina birichina e disse: "Oh, ci hanno beccate!" Il residente era sconvolto dal fatto che ce ne fossimo andati dall'ashram senza avvertire. Salì in macchina con noi, e ripartimmo verso casa.

Al nostro arrivo, tutti i residenti dell'ashram erano allineati in silenzio, i volti illuminati di devozione, aspettando di scorgere Amma mentre la macchina avanzava. Mi chiesi se si rendessero conto dell'immensità dell'amore che Amma provava per loro, e che Le aveva fatto rinunciare alla preziosa opportunità di alcuni

giorni in solitudine. Entrando, Amma ed io mantenemmo un'espressione seria, ma dentro di me sorridevo ancora per la gioia preziosa e per il ricordo delle nostre risate e dei momenti speciali trascorsi insieme.

Soltanto in seguito scoprimmo che a Varkala in quel periodo dell'anno non ci sono gatti selvatici. E ogni anno io continuo a rinnovare la patente... non si sa mai!

Il mio cuore Ti offre ogni cosa,
ma la mia mente ladra la restituisce al mondo.
Risvegliami da questo folle sogno.
Ti ho donato il mio cuore,
ma la mia mente e il mio corpo
rimangono vuoti in questo mondo.
Niente ha più significato,
il mondo ha perso la sua dolcezza.
L'unico sostegno che trovo
è nei miei pensieri desiderosi di Te.
Oceano di Compassione,
ti prego, versa qualche goccia di misericordia
su questa povera anima.

Capitolo 8

La vita è la nostra sadhana

"La sadhana non deve essere svolta per la propria liberazione, ma per sviluppare l'amore, la compassione e la comprensione necessari per rimuovere le sofferenze del mondo.
Il nostro cuore si deve espandere fino al punto di arrivare a sentire il dolore degli altri come se fosse il nostro, e di darci da fare per alleviare la loro sofferenza".

Amma

Molte persone pensano che la sadhana consista solo in determinate pratiche spirituali, come la meditazione, il *japa*, il canto dei bhajan o la recitazione dei mantra. Tuttavia, per raggiungere davvero la meta della realizzazione di Dio, la sadhana non può essere un'azione separata dal modo in cui viviamo la nostra vita. La nostra vita deve diventare la nostra sadhana, e non soltanto le poche ore che trascorriamo ogni giorno a compiere pratiche spirituali.

Il modo in cui rispondiamo ad ogni situazione deve essere considerato una sadhana. Amma dice che possiamo valutare il nostro progresso spirituale analizzando il modo in cui reagiamo quando le cose vanno storte. Ci arrabbiamo velocemente o riusciamo ad adattarci alla situazione? Dovremmo esercitarci continuamente a comportarci nel modo giusto in ogni situazione. Amma ha completo controllo in ogni situazione: niente La disturba. Ci fornisce il perfetto esempio di come, con il vero discernimento, si sarà sempre in grado di compiere l'azione giusta al momento giusto.

Ai primi tempi dell'ashram non avevamo una routine precisa da seguire; svolgevamo il lavoro che c'era da fare e trascorrevamo il resto del tempo con Amma. Qualche anno dopo Amma ci chiese di stilare un orario e di rispettarlo. All'inizio la cosa era per noi una sfida, ma cercavamo di fare del nostro meglio per seguire le Sue istruzioni.

Amma ci incoraggiava sempre ad avere costanza e concentrazione nella nostra sadhana, ed era molto creativa nel modo in cui ci disciplinava. Occasionalmente faceva un raid la mattina presto e batteva alla porta per svegliarci se non avevamo preso parte all'*archana* del mattino. Per paura di Amma allora partecipavamo regolarmente per qualche giorno, sebbene fosse difficile mantenere la regolarità nelle nostre pratiche a causa degli intensi impegni dei programmi di Amma.

Quando si sedeva a meditare con noi, a volte Amma teneva accanto a Sé un mucchietto di sassolini. Quando vedeva che qualcuno si addormentava o perdeva la concentrazione, con mira perfetta gli tirava un sassolino. Questo era un metodo ingegnoso per mantenere la maggior parte delle persone vigile e all'erta.

Ad un certo punto Amma stabilì per noi un programma di otto ore di meditazione al giorno. Tuttavia, per la maggior parte di noi la cosa si rivelò impossibile. Amma aveva detto a qualcuno: "Li faccio star seduti così a lungo per aiutarli a vedere come diamo la colpa agli altri per i nostri problemi. Pensiamo che tutti i problemi vengano dall'esterno, ma in verità essi provengono dall'interno, dalla nostra mente. In questo modo capiamo che la causa di tutti i nostri problemi è la mente. Fin dall'inizio della vita spirituale riusciamo a capire che tutte le difficoltà originano dalla nostra mente".

Quando arrivai all'ashram avevo il desiderio di lavorar sodo tutto il giorno e trascorrere tutta la notte piangendo per Dio. Questo era ciò che faceva Amma. Mi immaginavo a compiere lunghi digiuni, a trascorrere ore immersa in profonda meditazione e a svolgere grandi austerità restando perfettamente immobile su una gamba sola in posizione yogica. Ma in realtà queste cose non successero. Mi ritrovai invece a lavorare per ore, a pulire i gabinetti e a tagliare le verdure, e generalmente ad addormentarmi durante la meditazione.

Mi resi conto che anche se abbiamo il desiderio di compiere grandi austerità, non abbiamo la forza necessaria per farlo. Abbiamo magari sublimi fantasie e sogni spirituali di diventare perfetti aspiranti spirituali, ma in questa epoca la maggior parte di noi non ha la perseveranza e l'autodisciplina per svolgere molto tapas. Dopo aver pianto intensamente per Dio per soli cinque minuti, ci accorgiamo che la nostra mente ha divagato verso un argomento mondano. Le lacrime si sono tutte asciugate, i pensieri devozionali sono completamente scomparsi dalla nostra mente, e noi incominciamo a contemplare l'orario del nostro prossimo pasto.

Poiché la maggior parte di noi non è in grado di trascorrere molto tempo compiendo tapas, dobbiamo trovare un obiettivo più semplice per la nostra sadhana. Dimostrare gentilezza verso gli altri è più importante che praticare tutte le austerità del mondo. Il semplice cercare di essere amabili con la gente, l'aiutare qualcuno senza che ci sia richiesto, e specialmente quando ci è richiesto: è questo a fare la differenza. A che cosa serve compiere pratiche spirituali se queste non ci aiutano a diventare più compassionevoli verso gli altri e di maggior servizio al mondo? Per molti anni, quasi ogni giorno, Amma ha cantato il bhajan *Shakti Rupe*:

> *"Non è strano se*
> *dopo aver circumambulato con riverenza il tempio*
> *ci si ferma sulla soglia e si scacciano i mendicanti?*

Non è un abuso del Sentiero della Conoscenza?
A cosa serve pensare a Te se,
mentre lo si fa, si fanno soffrire gli altri?
O Madre, che bisogno c'è di servirTi personalmente
se si servono gli altri pensando a Te?
Non equivale questo al Karma Yoga?"

Amma non ha mai cercato di imporre i Suoi insegnamenti a nessuno, ma cantando questo bhajan così pregno di significato, a poco a poco l'insegnamento ha incominciato a penetrare in noi.

Una volta qualcuno chiese ad Albert Einstein quale fosse la cosa più importante che aveva imparato dai suoi studi sulle varie religioni del mondo. Egli rispose: "La cosa più grande che ho imparato è di dimostrare un po' di gentilezza". Amma spesso ci ricorda che se non siamo in grado di aiutare gli altri materialmente possiamo per lo meno sorridere, consolarli con parole affettuose e cercare di mantenere alto il loro spirito. Le azioni di questo tipo possono diventare pratiche spirituali che ci aiutano a purificarci.

Non tutti possono andare a servire fisicamente il mondo. Coloro che ne hanno l'abilità dovrebbero farlo, e coloro che non ne sono in grado dovrebbero mandare pensieri positivi. Si dice spesso che i pensieri siano più potenti delle azioni. Il corpo e la mente ci sono stati dati non soltanto per nostro uso e consumo, ma anche per imparare a servire gli altri. Dovremmo cercare di fare del nostro meglio per donare noi stessi per il bene dell'umanità. Amma dona sempre Se stessa a tutti, fornendoci un esempio perfetto da seguire.

Nella Sua giovinezza, Amma trascorreva giorno e notte pensando a Dio e ricordandoLo in ogni Sua azione. Da ragazzina, Amma finiva i compiti e poi si occupava delle faccende domestiche. Ma non si limitava a questo; si recava in molte case del vicinato e faceva le pulizie anche lì.

Damayanti Amma non Le aveva mai detto di fare tutte queste cose: erano idee di Amma. Sua madre era felice quando La vedeva lavorare sodo, ma non le piaceva quando da casa scomparivano le cose. Nella famiglia di Amma c'era un detto: "Che tu abbia fame o no, va' a mangiare; perché se non mangi, Sudhamani porta via tutto il cibo e lo dà a qualcun altro, e allora quando hai fame non troverai più niente!" Se avevano qualcosa di bello o di buono, temevano di farlo vedere ad Amma, perché Lei lo avrebbe dato a qualcuno che ne aveva più bisogno.

Damayanti Amma aveva delle mucche ed era famosa per l'alta qualità del latte che esse producevano. Era una donna molto onesta ed etica, diversamente da altri che vendevano latte annacquato per un maggiore profitto. In verità Damayanti Amma era talmente onesta che, prima di vendere il latte, lavava il contenitore in cui avrebbe messo il latte e lo asciugava fino all'ultima goccia. Voleva assicurarsi che nel latte non ci fosse assolutamente acqua, perché teneva moltissimo alla propria reputazione. Al mercato la gente sapeva che se il latte proveniva dalla casa di Damayanti Amma era davvero puro.

Tutti i giorni uno dei figli di Amma veniva mandato al mercato con il latte. Quando toccava a Lei, Amma prendeva il latte e andava dritta a casa di qualcuno che non se lo poteva permettere. Bolliva un po' di latte, glielo offriva, e poi sostituiva il latte mancante con la stessa quantità di acqua. Poi si recava in altre case e faceva la stessa cosa. Quando infine arrivava al mercato e consegnava il latte al negoziante, il latte era estremamente acquoso. Per qualche giorno il negoziante non diceva niente, pensando che forse le mucche fossero malate, ma infine si recava da Damayanti Amma. Si sentiva estremamente a disagio ad accusarla di aggiungere acqua al latte, perché era nota per la sua onestà. Damayanti Amma chiamava Amma e gridando Le chiedeva: "Che cosa ne hai

fatto del latte?" Amma con calma rispondeva: "C'erano persone senza latte, e io gliel'ho dato".

Fin da bambina Amma sapeva che la spiritualità si esprimeva attraverso l'azione. Se qualcuno aveva bisogno di qualcosa e Lei era in grado di aiutarlo, lo faceva. Amma non aveva paura delle punizioni. Raggiungeva la pace mentale solo se faceva del Suo meglio per aiutare i sofferenti.

C'era una volta un grande yogi che metteva tutta la sua attenzione in ogni compito che svolgeva, anche se si trattava di qualcosa di poca importanza. Puliva una pentola con la stessa cura che impiegava nell'adorazione di Dio al tempio. Questo grande yogi era l'esempio perfetto del modo giusto di compiere le proprie azioni. Questo era il suo segreto: "Si deve avere amore e dedizione per i mezzi come se essi fossero il fine".

Amma dice che le pratiche spirituali non sono semplici esercizi fisici, ma discipline che dovrebbero infine mettere in sintonia la nostra mente e il nostro intelletto con il Supremo. Coloro che compiono la propria sadhana con il giusto atteggiamento e intenzione riceveranno tutto ciò di cui necessitano senza bisogno di chiedere.

In quest'epoca, è spesso difficile mantenere la concentrazione. La nostra mente si disperde in tante cose, ma è nostro compito cercare di controllarla. In ogni campo della vita bisogna possedere una forte disciplina per avere successo. La disciplina spirituale non è altro che il radunare i raggi dispersi della mente. Se esiste anche il benché minimo desiderio, la mente non si può assorbire in Dio. Vera meditazione è un flusso ininterrotto di pensieri verso Dio, ma quanti di noi sono in grado di restare concentrati interamente su Dio? Fino a che non avremo raggiunto questa meta, ci staremo solo esercitando e preparando per il vero stato di meditazione.

Amma raccomanda l'equilibrio nelle nostre pratiche spirituali. Per esempio un anno, durante il tour del nord India, disse che oltre la meditazione è necessario anche il satsang, persino per gli yogi che vivono nelle grotte dell'Himalaya, altrimenti anche loro potrebbero auto-ingannarsi. Durante il satsang parliamo di argomenti sacri e recitiamo i mantra tutti insieme. Ciò purifica sia la nostra mente che l'atmosfera. Senza il satsang siamo come alberi sul ciglio della strada, che inavvertitamente raccolgono la polvere del continuo flusso del traffico.

Alcune persone dicono che non dovremmo compiere azioni, perché l'azione crea nuove vasana. Ma la mente è sempre attiva, anche quando meditiamo. Si tratta semplicemente di un'azione su un piano diverso. Quindi dobbiamo per lo meno fare in modo che le nostre azioni siano di qualche utilità al mondo, svolgendo del servizio disinteressato. Amma ha detto: "Se fate pratiche spirituali senza compiere servizio altruistico è come costruire una casa senza porte, o senza una via d'accesso".

I primi tempi, un brahmachari avviò uno studio fotografico nell'ashram. Ma c'era un problema. Sfortunatamente aveva una malattia agli occhi e non ci vedeva molto bene. Io chiesi ad Amma il permesso di aiutarlo a fare le fotografie, perché vedevo che il lavoro per lui era troppo. Gli avevo fatto da assistente soltanto per una settimana, ed ecco che Amma mi chiese di diventare la responsabile. Fui davvero sorpresa. Dissi ad Amma che non mi interessava essere il boss del dipartimento fotografico, e che volevo soltanto aiutare. La risposta di Amma fu: "Chi può aiutare chi?"

Passai molto tempo cercando di capire quello che Amma aveva inteso con quelle poche parole. Era come un'affermazione *vedantica* e mi sembrava che avrei potuto trascorrere anni della mia vita a contemplarle cercando di assorbirne il pieno significato. Dopo aver sentito le parole di Amma, non ebbi altra scelta se non diventare la responsabile delle fotografie. Avevamo una macchina per gli ingrandimenti vecchia, di seconda mano e quasi inservibile, e per lo sviluppo prodotti chimici usati, da impiegare a temperatura ambiente. Non avevo la più pallida idea di come si svolgesse il lavoro, ma ero pronta ad impararne le procedure. Soltanto in seguito mi resi conto che ormai quasi più nessuno usava questo metodo primitivo per stampare e sviluppare fotografie a colori; ma con la grazia di Amma, le foto generalmente risultavano migliori di quelle realizzate dalla maggior parte degli studi fotografici professionali.

Essendomi dedicata a tempo pieno alle fotografie per dieci giorni, non avevo trovato il tempo per meditare. Mi sentivo colpevole e ne parlai ad Amma. Lei replicò: "La tua meditazione è questo lavoro. Non sai come sei fortunata. Persone di tutto il mondo si rivolgono piangendo alla forma di Amma, e tu ce l'hai continuamente sotto gli occhi. Questa *è* la tua meditazione".

Amma ci dice sempre quanto sia importante avere un obiettivo nella vita. Ciò viene spesso sottolineato nella vita spirituale, ma se non lo sperimentiamo direttamente, possiamo non renderci conto di quanto sia importante. Riusciamo a capire soltanto attraverso un'esperienza diretta. Per me è stato così con il mio *sannyas*.

Molti anni fa mi fu chiesto di esaminare l'idea di prendere il sannyas. Io rimasi completamente scioccata, perché era una cosa che non avevo mai considerato per me stessa. Tuttavia, quando mi si chiese di pensarci su, mi resi conto che la mia vita non andava in nessun'altra direzione se non in quella spirituale. Quando incontrai Amma, volevo avere figli e viaggiare, ma poi quei desideri erano semplicemente sfumati. In ogni caso non mi consideravo comunque degna del sannyas. Ma poi qualcuno mi suggerì: "Beh, cerca di rendertene degna".

Il concetto mi stupì, ma allo stesso tempo mi sembrava corretto, e quindi nei sei mesi che seguirono mi concentrai sull'obiettivo di rendermi degna. Nel mio stomaco c'era sempre qualcosa che ruminava, e nel sottofondo la mia mente ripeteva continuamente: "Cerca di rendertene degna". Era come un tiro alla fune. Pensavo: "Come potresti mai fingere di fronte al mondo di essere degna di una cosa simile?" E poi c'era qualcos'altro che diceva: "La tua vita non è dedicata a nient'altro". Questi pensieri mi fecero sforzare al massimo a cercare di comportarmi nel miglior modo possibile.

Incominciai a capire perché è così importante avere un obiettivo. Con questo traguardo in mente, tutto ciò che mi allontanava da esso si dissolse. C'era qualcosa di importante per cui mi volevo preparare nella vita, e volevo diventarne degna.

Sei mesi dopo, fui informata che Amma mi offriva formalmente il sannyas. La sera prima della cerimonia, Amma mi chiamò nella sua stanza e mi chiese una cosa sola: "Il tuo cuore è aperto per questo?" Avendo considerato la cosa e cercato di prepararmi per così tanto tempo, potei risponderLe onestamente: "Sì". Chiesi ad Amma cosa potevo fare per cercare di cambiare me stessa, e la Sua risposta fu: "Leggi i libri di Amma". Questo è un bel consiglio per tutti noi, perché è una cosa che possiamo fare facilmente.

Tutte le pratiche spirituali hanno lo scopo di farci raggiungere la concentrazione, in modo da poter sviluppare purezza mentale e diventare alla fine una cosa sola con Dio. Sebbene si debbano continuare le pratiche spirituali per cercare di sviluppare la disciplina e affinare la nostra consapevolezza, ho scoperto per esperienza personale che il sentiero migliore verso la meta è quello del servizio altruistico. La maggior parte di noi ha una mente *rajasica* e non è in grado di concentrarsi in meditazione per periodi molto lunghi; ma scopriamo che siamo invece in grado di lavorare per ore. Amma ci fornisce molte opportunità per raggiungere la purezza mentale attraverso il servizio disinteressato, qualcosa che tutti noi possiamo svolgere in qualunque luogo al mondo ci troviamo.

O mente mia,
perché non mi sei amica?
Potremmo essere così felici insieme…
Perché desideri tuffarti nel profondo delle acque scure di maya,
così a lungo,
senza nemmeno desiderare di prenderti una pausa
e tornare in superficie
da quell'aria pura che è sempre in attesa?

Tu sai che dimorare in Dio ci rende entrambe più felici
di quanto non siamo mai state.
Che cosa posso fare per convincerti?
Come posso farti condividere con me quella beatitudine?
Perché desideri dimorare nella melma di questo mondo
invece di volare nei cieli chiari e limpidi?

O mente mia,
ti darei tutto quello che vuoi
se solo mi lasciassi un po' più a lungo con il mio Amato,
dagli occhi del loto blu,
che spesso mi chiama gentilmente con il Suo flauto.
Per poter passare solo un po' più di tempo con lui,
ti darei qualsiasi cosa.

O mente mia,
possiamo dimorare entrambe nella pace.
Perché non ci andiamo insieme?

Capitolo 9

Servizio altruistico

"Cerca di lavorare con altruismo e amore.
Metti tutto te stesso in qualsiasi cosa fai.
Allora sperimenterai la bellezza
in qualsiasi tipo di lavoro.
L'amore e la bellezza sono dentro di te.
Cerca di esprimerli attraverso le tue azioni
e raggiungerai senz'altro la sorgente della beatitudine".

Amma

Quando incontrai Amma per la prima volta, volevo imparare a condurre una vita spirituale. Avevo visto la transitorietà di tutte le gioie della vita materiale e sentivo che soltanto una vita spirituale avrebbe portato la vera felicità.

A quei tempi, i pochi di noi che vivevano con Amma non erano così disciplinati come lo sono adesso. Avevamo ben poca comprensione di cosa significasse condurre una vita spirituale e volevamo soltanto stare vicini ad Amma, per sempre ai Suoi piedi. Dopo i primi anni all'ashram, Amma cominciò a farci capire l'importanza della parola "servizio". Noi ci guardavamo sorpresi l'un l'altro, non capivamo ancora quanto sarebbe diventato importante nella nostra vita il servizio. In quel periodo, Amma esprimeva principalmente il Suo amore attraverso il darshan.

Nessuno di noi aveva idea che sarebbe diventata uno dei più gradi benefattori della storia.

Col passare del tempo Amma sottolineava sempre più l'importanza del servizio altruistico e a poco a poco il nostro desiderio di servire il mondo crebbe e sbocciò, dal piccolo seme che Amma aveva piantato nel nostro cuore e fatto crescere con il Suo amore e la Sua attenzione. Servire il mondo è adesso il nostro desiderio più grande. Nel cuore di tutti coloro che incontrarono Amma agli inizi, la preghiera più intima è diventata: "Amma, donaci la forza e la purezza necessarie per poter servire il mondo".

Per me, uno dei momenti più memorabili con Amma fu quando stavamo viaggiando in macchina alla fine di un lungo programma di darshan. Erano le prime ore del mattino ed eravamo tutti molto stanchi. Ma Amma non è mai troppo stanca per un darshan in più, e invitò un ragazzino a salire in macchina e viaggiare con Lei. Lui si sedette vicino ad Amma e disse: "Amma, ti prego, promettimi che un giorno ti prenderai una vacanza".

Amma rise e gli fece appoggiare la testa sulla Sua spalla. Poi disse: "Figlio, è *questa* la vacanza di Amma. Veniamo al mondo senza niente e ce ne andiamo senza niente. Il corpo si ammalerà anche se ci riposiamo molto, e crollerà quando arriva il momento, qualsiasi cosa facciamo. Mentre siamo qui, cerchiamo per lo meno di fare qualcosa di buono nella vita, qualcosa di buono per il mondo, per dimostrare la nostra gratitudine".

Mi sentii davvero benedetta per aver udito queste parole. Fu come ascoltare gli insegnamenti di Krishna ad Arjuna sul campo di battaglia. Amma era il Guru divino che impartiva parole di saggezza al discepolo, la madre amorevole che consigliava il figlio adorato, e anche una cara amica che dava consigli preziosi. Ripensare a quelle poche frasi equivaleva a contemplare una *summa* di tutti i più grandi insegnamenti spirituali. Amma è davvero uno dei più grandi Mahatma che abbiano mai messo piede su questa terra, e nasconde la Sua grandezza dietro un semplice sari bianco.

Amma ci ricorda che un giorno questo corpo si consumerà; prima o poi moriremo tutti. Non è meglio che il corpo si consumi compiendo qualcosa di buono invece di arrugginire semplicemente? Anche quando ci sediamo in silenzio cercando di meditare, nella nostra mente sorgono continuamente dei pensieri. Dovremmo invece cercare di utilizzare il corpo e la mente in modo da essere di beneficio agli altri.

Per la maggior parte di noi è difficile raggiungere la concentrazione mentale attraverso altre forme di sadhana. E così, il servizio altruistico diventa la nostra pratica spirituale principale. Se durante la meditazione non conseguiamo abbastanza concentrazione da dirigere verso Dio tutti i nostri pensieri, per lo meno il nostro lavoro può diventare un'adorazione e un'offerta sacra. Amma ci offre il modo per raggiungere una mente pura e focalizzata attraverso il servizio altruistico, e cerca costantemente di ispirarci a vivere la nostra vita secondo questo principio.

Tutto ciò che prendiamo dalla vita ci crea in un modo o nell'altro un debito karmico. Dovremmo cercare di trovare gioia nella vita ripagando questo debito con l'amore e la gratitudine. Non dovremmo lasciarci andare alla pigrizia, ma lavorare sodo con i talenti che abbiamo. Nascosti in noi ci sono così tanti talenti che dovremmo portare alla luce e utilizzare per servire il mondo. La vita è un dono prezioso che ci è dato non per la realizzazione dei piaceri dei sensi, ma per compiere buone azioni nel mondo. Non dovremmo lasciare che i nostri doni e talenti vadano sprecati.

Un anno, durante il tour del nord India ci recammo a Mananthavadi, che Amma chiama sempre *Anandavadi*, ovvero "luogo di beatitudine". Mentre la macchina di Amma saliva su per la collina, membri della popolazione tribale degli *Adivasi* stavano aspettando per dare il loro benvenuto tradizionale. Danzavano con gioia davanti all'auto. Donne anziane indossavano vesti bianche, vecchie e lacere, ma che svolazzavano mentre ballavano felici per Amma. Lei era qui per una visita di tre giorni, per asciugare le loro lacrime e alleviare i loro fardelli, che erano molti.

La vita è dura per queste persone che vivono nelle zone collinari delle piantagioni di tè e caffè del Kerala. La maggior parte di loro non ha un lavoro. Spesso il raccolto marcisce sulla collina, perché non c'è nessuno che lo compri. I prezzi più competitivi di altre zone li hanno completamente rovinati. A chi viene in mente di dar lavoro ai poveri, soltanto perché ne hanno bisogno, quando può comprare qualcosa più a buon mercato? A pochissimi, purtroppo. I poveri contadini non hanno nessuno che compri il loro raccolto, quindi non possono assumere nessuno a lavorare per loro.

Mentre l'auto procedeva lentamente su per la collina, gli Adivasi danzavano muovendo le mani in semplici gesti. C'era un ometto di circa ottant'anni che voleva anche lui danzare per Amma. Teneva in mano un ombrello e, senza la stessa grazia delle donne, saltava su e giù, mentre il turbante rosa sbiadito che aveva in testa aggiungeva una nota comica alla scena, rimbalzando insieme a lui. Uno degli organizzatori cercava continuamente di allontanarlo, ma lui riusciva sempre a tornare davanti alla macchina.

Amma disse che quelle persone erano innocenti come bambini. La grazia del Maestro è attratta da un atteggiamento innocente. Queste povere persone di campagna sapevano quali benedizioni stavano ricevendo da un Essere Divino, quindi danzavano con gioia con il loro cuore, la mente e il corpo, immersi nella dolcezza dell'amore della loro Madre Divina. Amma disse che molte persone durante il darshan Le misero in mano una rupia guadagnata a fatica. Ispirati da Amma anche loro volevano donare, anche se non avevano niente. La loro rupia si trasformava senza dubbio in oro, e poiché era tutto ciò che possedevano, aveva senz'altro più valore dei milioni donati da chi ha tanto.

Tutti sono sempre felici di far visita a questo luogo dove l'aria e l'ambiente sono così puri e puliti, e la dolcezza semplice sul volto di tutti è una gioia a vedersi. Durante il programma di Amma la campagna si trasforma nel Suo ashram mobile. Ovunque la gente è impegnata a prendersi cura dei bisogni degli altri. L'aria è satura di mantra, nella forma di recitazioni sanscrite o del canto di bhajan estatici che rendono gloria al nome di Dio. Le vibrazioni purificano tutta la campagna, forse tutta la nazione, e forse addirittura il mondo intero.

Il primo giorno di programma guardai fuori dalla finestra della mia stanza, vidi che era una splendida giornata, e che c'era un bellissimo mondo là fuori. Potevo vedere la lunga fila di devoti far volontariato alla mensa. Sorridendo servivano porzioni di cibo semplice e nutriente alle persone in attesa di essere sfamate. I devoti che servivano erano felici di servire altri devoti. C'è forse una benedizione più grande di quella di servire i devoti di Dio? Le persone che ricevevano il cibo erano felici, perché sapevano che le poche monetine che avevano speso per il pasto sarebbero state usate per servire i sofferenti, attraverso la catena dei progetti caritatevoli di Amma.

Che ciclo incredibile di servizio ha creato Amma! È davvero una situazione da cui tutti traggono beneficio. Coloro che lavorano sodo servendo vengono premiati con un buon karma futuro, e anche da una gratificazione immediata. Coloro che spendono del denaro per comprare qualcosa, traggono gioia dalla cosa che acquistano, oltre a sapere che tutti i fondi sono utilizzati per una giusta causa. Essi creano del buon karma fornendo i fondi per poter servire. E i poveri che ricevono aiuto dai servizi caritatevoli di Amma si erano guadagnati, attraverso azioni precedenti, il merito di essere aiutati. Questo ciclo di servizio porta gioia a tutti.

Non sappiamo mai in che modo il servizio altruistico avrà un effetto su di noi. Senza dubbio soltanto per il meglio, e in alcuni casi potrà addirittura salvarci la vita. C'è la storia dei due uomini che viaggiavano insieme in una giornata gelida. Stava nevicando forte ed erano entrambi quasi assiderati. Fu allora che videro qualcuno sdraiato nella neve, quasi morto. Uno dei due suggerì di salvare l'uomo assiderato, ma il compagno continuò per la sua strada, dicendo che era meglio che si mettessero in salvo loro stessi.

Ignorando il consiglio dell'amico, egli raccolse il morente e continuò a procedere a stento, portando sulle spalle il corpo congelato. Faticava con questo pesante fardello, e dopo un po' ritrovò il suo compagno precedente - morto assiderato. L'uomo compassionevole, invece, si era riscaldato, grazie allo sforzo di trasportare lo sconosciuto sulle spalle, e lo sconosciuto ricevette quel calore e incominciò a rianimarsi. Attraverso quest'azione altruista e amorevole, entrambi ebbero salva la vita.

Il seva può conferire un significato nuovo alla nostra vita. Una donna di ottantasei anni di Madras era diventata depressa e non trovava nessuna ragione per svegliarsi la mattina, nessuna ragione nemmeno per vivere. Voleva aiutare alcune organizzazioni del posto, ma queste accettavano soltanto donazioni in denaro. Poi scoprì che avrebbe potuto cucire borsette e borsellini e donarli ad Amma. Questi articoli avrebbero potuto essere venduti per le attività caritatevoli di Amma. La donna si era rotta l'anca e, sorprendentemente, all'età di ottantasei anni usava ancora una vecchia macchina da cucire a pedale. Sebbene sembrasse un lavoro troppo faticoso per lei, la donna non vedeva l'ora di poter contribuire fisicamente ad aiutare gli altri. Questo lavoro di cucito ridiede un significato e uno scopo alla sua vita. Ogni mattina la donna non vedeva l'ora di fare qualcosa di nuovo. Una volta mandò alcuni di questi articoli ad Amma durante il darshan. Amma disse che riusciva a sentire l'amore che la donna aveva messo nel realizzare le borse. Amma guardò le borse per lungo tempo e inviò del prasad alla donna, che non era in grado di viaggiare per incontrare Amma.

Le persone disposte a svolgere lavoro altruistico sono più preziose dell'oro. Un residente dell'ashram una volta mi ha raccontato di una grande organizzazione di volontariato che aveva soltanto cento membri a vita che lavoravano a pieno ritmo. Qualcuno aveva donato loro un assegno sostanzioso, ma l'organizzazione aveva risposto dicendo: "Non abbiamo bisogno dei soldi, dateci cinque lavoratori altruisti. Per noi avrebbe molto più valore". I soldi vanno e vengono, spesso si possono ottenere facilmente, ma è molto più difficile trovare qualcuno che lavori disinteressatamente.

"La nostra ricchezza consiste in ciò che possiamo fare per gli altri", disse Sir Edmund Hillary, ben noto per la grande impresa di essere uno dei primi uomini a scalare l'Everest e anche uno dei primi a raggiungere il Polo Nord e il Polo Sud. Per la maggior parte delle persone nella vita non ci sarebbe un obiettivo più importante di scalare la vetta più alta del mondo e raggiungere i confini della Terra. Ma quando gli chiesero quali riteneva fossero state le sue più grandi conquiste, egli neanche nominò quelle cose. Disse che per lui il più grande successo era stato aiutare gli Sherpa, la popolazione tribale nativa del Nepal. Aggiunse poi: "Quando riconsidero la mia vita, ho ben pochi dubbi sul fatto che le mie imprese più importanti non consistano nell'essere stato sulla vetta di montagne, o al Polo Sud o Nord, nonostante queste siano state delle grandi avventure. I miei progetti più importanti sono stati la costruzione e la gestione di scuole e cliniche mediche per i poveri dell'Himalaya".

Possiamo non avere la forza o l'energia per raggiungere la sommità della montagna più alta del mondo, ma abbiamo tutti la capacità di raggiungere le vette della spiritualità. Sono alla nostra portata. In noi giace una forza incredibile, ma solo raramente riusciamo ad accedere a questa riserva di energia divina.

Amma dimostra continuamente l'abilità di accedere a questa incommensurabile fonte di energia e compassione. Dopo aver dato il darshan a ventimila persone durante un programma a Shivakasi, in Tamil Nadu, Amma proseguì verso Anbu Illam, una casa di riposo per anziani gestita dall'ashram. Erano le quattro e trenta del mattino e i residenti erano elettrizzati per la visita di Amma. Si erano già fatti il bagno e indossavano i loro vestiti migliori, tutti pronti per l'arrivo di Amma.

Amma andò a far visita ad ognuno di loro nelle loro camere. Nella prima stanza scoprì che le lenzuola avevano bisogno di essere cambiate e le finestre dovevano essere pulite. In altre stanza c'erano ragnatele, e persino un piccolo alveare che si stava formando su una luce al neon. Amma incominciò a pulire e a togliere la polvere, lavorando dalla prima all'ultima stanza dell'edificio. Non permise a nessun membro del personale di aiutarLa, insistendo a pulire tutto di persona. Sgridò il dottore e il responsabile, dicendo che si trattava di un grande *punyam* poter servire degli anziani che non sono in grado di badare a se stessi. Disse loro che avrebbero dovuto sforzarsi di offrire un ambiente pulito per queste persone negli ultimi anni della loro vita. Amma trascorse la notte lì, e i residenti furono felicissimi di averLa con loro. Chiesero il permesso di essere fotografati con Amma, e Lei affabilmente acconsentì, esaudendo il loro desiderio.

Fu in occasione del Suo quarantacinquesimo compleanno che Amma esaudì un mio desiderio. Avevo sempre sognato di avere la possibilità di servire il cibo alla gente. Amma a volte si definisce "la serva dei servi". Servire "i servi della serva dei servi" mi sembrava una cosa sublime, una delle più grandi benedizioni che si potessero ricevere. Siccome sono sempre stata timida, non avevo mai trovato l'opportunità di servire i devoti in questo modo,

sebbene ci avessi pensato spesso. Era un desiderio che avevo nel cuore da tempo.

Avevo programmato tutto in anticipo e mi ero riproposta che durante il compleanno di Amma sarei andata a servire i pasti. Circondata da migliaia di persone, ero sicura che nessuno mi avrebbe notata. Facendomi coraggio, mi avvicinai e chiesi alle ragazze che stavano servendo se potevo servire qualcosa. Esse acconsentirono con riluttanza, perché in verità avrebbero voluto il lavoro per sé. Immaginando che la cosa più facile fosse servire i *pappadam*, mi misi a fare quel lavoro. La ragazza che rimpiazzai disse che anche lei aveva atteso con ansia l'opportunità di servire i devoti.

Era forse una malattia contagiosa? Sembrava che tutti volessero servire, in un modo o nell'altro. C'erano molte persone, con o senza il distintivo dei volontari, che lavoravano sodo per lunghissime ore – ma avevano tutti un'aria molto felice. C'è un famoso detto: "È meglio dare che ricevere". Sembrava che quel giorno tutti ne stessero facendo esperienza. Amma ha detto che quando una persona offre un fiore a Dio con devozione, se ne gode lei stessa involontariamente per prima il profumo e la bellezza. Allo stesso modo, quando compiamo un atto di servizio altruistico, ne traiamo beneficio anche prima di coloro che stiamo servendo.

Spesso le persone esitano ad andare al darshan di Amma dopo aver lavorato e non aver avuto il tempo di cambiarsi d'abito. Ma Amma dice che il sudore dei devoti è per Lei come un profumo. Sono lo sforzo e l'atteggiamento altruistico che hanno messo nel loro lavoro a diventare come un profumo, perché servono a dar gioia agli altri e a portare un po' di luce nella vita di così tante persone sofferenti.

Molto spesso abbiamo visto Amma dare l'esempio, unendosi a noi nello svolgere qualche lavoro, portando mattoni e pietre sulla testa, o aiutando a spostare terra e sabbia da un posto all'altro. Possiamo imparare così tanto osservando Amma! Lei lavora con straordinaria concentrazione e gioia. Ai vecchi tempi, mentre il tempio era in costruzione, la campana suonava non per annunciare delle lezioni, ma per il seva del cemento. Quando stavamo costruendo l'ashram, Amma diceva che dovevamo fare noi tutto il lavoro, perché aiutando nella costruzione ne avremmo tratto soddisfazione, gioia e appagamento. Avremmo anche sentito che nell'edificio c'era una parte di noi; le fondamenta del tempio erano fatte sia d'amore che di cemento. Ci passavamo l'un l'altro il *chatti* di cemento, e alla fine avevamo cemento sulle mani, sui vestiti e nei capelli. A volte rimaneva addirittura per settimane, a ricordarci di quei momenti. Ma c'è sempre grande felicità quando si ha la possibilità di lavorare sodo per una buona causa.

Per ricevere la grazia di Amma, non è necessario che Lei ci veda lavorare. È una legge cosmica automatica che se si lavora altruisticamente per servire il proprio Guru in qualsiasi momento e luogo, anche inosservati, la grazia del Guru scorrerà su di noi. Amma dice che le Sue benedizioni non possono far altro che scorrere su coloro che compiono lavoro altruistico e si sforzano, di qualunque tipo di persone si tratti.

Col passare degli anni, è stato meraviglioso notare un cambiamento nelle persone. Quando incontrano Amma per la prima volta, molti devoti non vogliono altro che stare seduti accanto a Lei e guardarLa. Dopo qualche tempo, scoprono la beatitudine del servizio disinteressato e diventano pronti a trascorrere più tempo lontano da Amma, facendo il lavoro che deve essere fatto. Sono egualmente felici di svolgere i lavori minori che non vuole fare nessuno o i compiti apparentemente più importanti intorno ad Amma. Qualsiasi lavoro ci venga affidato, dobbiamo cercare di utilizzarlo come un mezzo per diventare umili, sviluppare la nostra *shraddha*, e offrire un servizio al mondo. Se nel cuore abbiamo amore per Amma e offriamo a Lei il nostro lavoro, allora riceveremo senz'altro la Sua grazia.

L'ashram di Amritapuri è sorto interamente dall'amore per Amma. Lei ci ha affidato responsabilità molto al di là delle nostre capacità; ma attraverso la Sua grazia siamo stati modellati e formati fino a che siamo riusciti a svolgere quel compito. Per esempio, è stato il figlio di un panettiere ad aiutare a costruire l'ospedale dell'AIMS sulla terra che prima era una palude. Non aveva alcuna precedente esperienza in edilizia, ma Amma l'ha guidato passo per passo verso la costruzione di un impero della medicina.

Quando l'ashram avviò la tipografia, il ragazzo designato responsabile non aveva la più pallida idea di come mandarla avanti. Adesso la tipografia è estremamente attiva e pubblica con successo libri che vengono distribuiti in varie lingue sia in India che nel resto del mondo.

Amma ci ricorda che dovremmo lavorare sodo senza pensare ai risultati dei nostri sforzi. Ciò che è necessario è la nostra sincerità. Una volta che abbiamo l'atteggiamento giusto e la buona volontà, la grazia di Amma diventa il mezzo che ci permette di servire.

Cerco i vuoti cieli – ma non Ti vedo mai.
Mi volto indietro trattenendo il respiro per l'attesa,
ma Tu non sei mai dietro di me.
Le lacrime sono le mie fedeli compagne –
aspettiamo insieme sperando un giorno di trovarTi.
Ho chiesto ai fili d'erba se sei passato di lì
ma loro non Ti hanno mai visto.
A cosa serve la mia voce
se i miei pianti per Te non si odono mai?
A cosa servono i miei occhi
se non Ti vedranno mai?
A cosa servono le mie mani
se non riescono mai a toccare i Tuoi sacri piedi?
Dove dimori, mio Amato,
Tu che mi hai così crudelmente abbandonato?

Capitolo 10

Lo sforzo e la grazia

"Lo sforzo personale e la grazia sono interdipendenti.
Senza l'uno, l'altra è impossibile".

Amma

La grazia del Guru è uno dei doni più meravigliosi della vita. Gli aspiranti spirituali si impegnano duramente per ottenerla, ma non la si riceve sempre facilmente. Non si può prevedere esattamente come si manifesterà la grazia, ma Amma ci ha dato vari suggerimenti su come diventarne degni. Innanzitutto bisogna metterci lo sforzo, e solo allora verrà la grazia. Non è che la grazia fluisca solo in determinati momenti e non in altri. Amma ci assicura che la Sua grazia è sempre presente, ma per essere in grado di percepirla dobbiamo fare la nostra parte. Il nostro impegno agisce da catalizzatore essenziale per il flusso della grazia.

Siamo tutti soltanto dei principianti nella vita spirituale. Anche dopo aver svolto pratiche spirituali per molti anni, ci accorgiamo che la meta resta comunque lontanissima. È impossibile realizzare il Sé con i nostri soli sforzi, mentre con la grazia del Guru possiamo raggiungere la liberazione. Io credo che se cerchiamo di vivere una buona vita, allora con la grazia del Guru raggiungeremo la meta alla fine della nostra esistenza. Tuttavia, dobbiamo comunque sforzarci immensamente. Non possiamo restare in ozio aspettando che arrivi il momento della grazia definitiva, ma dobbiamo darci da fare per meritare che alla fine la grazia scorra verso di noi.

Per raggiungere la meta, dobbiamo bruciare ogni tendenza negativa che abbiamo dentro – collera, avidità, lussuria, orgoglio, ecc. Com'è difficile eliminarne anche soltanto una! Tuttavia dobbiamo impegnarci ad eliminare le nostre vasana e a cercare di diventare puri. Poi, proprio come Amma offre Se stessa al mondo, anche noi saremo in grado di offrire qualcosa di prezioso.

Amma dice che senza perseveranza non saremo in grado di fare alcun progresso spirituale. La grazia fluirà verso di noi soltanto se ci impegneremo seriamente a raggiungere la meta. A volte siamo pronti a metterci un po' di sforzo, e scopriamo che riceviamo un po' di grazia. Ma perché la grazia inondi la nostra vita, dobbiamo perseverare inesorabilmente.

In questa era, per diagnosticare le malattie ci sono moltissimi nuovi macchinari e apparecchi. Perché i test siano efficaci, i malati devono fare qualcosa per prepararvisi, come bere grandi quantità d'acqua o digiunare. Analogamente, il Guru può fare molto per noi, ma noi dobbiamo comunque fare la nostra parte.

Una volta ci trovavamo in un aeroporto, e volevamo portare Amma in una sala d'aspetto al piano superiore. Amma salì sull'ascensore con la sua attendente, che si dimenticò di premere il tasto del secondo piano. Rimasero ferme a lungo nell'ascensore, senza andare né su né giù, prima di accorgersi di quello che era successo. Si trattò di un ottimo esempio di come non ci si possa elevare nella vita spirituale senza un impegno costante.

I nostri continui tentativi, per quanto limitati, prima o poi daranno frutto. Prendiamo l'esempio di una pianticella che cresce in una piccola fenditura del marciapiede. Sebbene il cemento sembri infinitamente più forte del germoglio, un giorno la lastra di cemento potrà spaccarsi in due soltanto a causa della crescita costante di quella pianticella. Così, anche il cemento del nostro ego un giorno si spaccherà. Tutto ciò che dobbiamo fare è lavorare sodo con pazienza e disciplina.

C'è una storia su Beethoven che illustra questo punto. Una sera, dopo aver eseguito alla perfezione un concerto di pianoforte, molte persone lo circondarono per congratularsi con lui. Tra di loro c'era una giovane donna che disse: "Oh, signore, se soltanto Dio mi avesse dato lo stesso genio che avete voi, sarei così felice". Beethoven replicò: "Signora, non si tratta di genio o magia. Tutto ciò che dovete fare è esercitarvi con costanza al pianoforte otto ore al giorno per quarant'anni e sarete brava quanto me".

Un altro esempio è tratto dalla vita di Thomas Edison. Egli fece più di duemila esperimenti per realizzare il filamento della lampadina, prima di trovare quello giusto. Quando un giovane reporter gli chiese come si era sentito nell'aver fallito così tante volte, egli rispose: "Non ho fallito nemmeno una volta. Inventare la lampadina elettrica è stata semplicemente un'operazione in duemila fasi".

Persone come Edison e Beethoven avevano la giusta comprensione del valore dello sforzo. Ecco perché furono in grado di realizzare così tanto nel mondo. Anche noi dovremmo avere lo stesso atteggiamento nella nostra vita – soltanto così saremo in grado di avere successo.

Amma ci fornisce un esempio perfetto. Sebbene tutte le Sue azioni sembrino semplici e piene di grazia, in verità Amma mette tantissimo impegno in tutto ciò che fa. Canta bhajan in quasi cento lingue diverse. Anche se a volte ha delle difficoltà nel pronunciare correttamente le parole, si sforza comunque di impararle, perché sa che ascoltare Amma cantare i bhajan nella loro lingua è un'esperienza che apre il cuore ai Suoi figli.

Amma si impegna moltissimo nella gestione delle centinaia di istituzioni che sovrintende, dando direttamente consigli per ognuna di esse. Amma sta alzata ogni notte senza dormire per studiare le norme e le leggi di ogni area di gestione. Vuole mantenere la tradizione dei saggi e dei santi dell'antichità che, attraverso la pratica della rinuncia e del *tyagam*, furono in grado di offrire così tanto al mondo. Amma dice che persino il respiro di un Mahatma può mantenere in equilibrio il mondo. Amma non si proclama divina, ma lavora duramente con costanza e impegno, fornendo un esempio a tutti noi. Dice che se abbiamo un corpo dobbiamo impegnarci al massimo per farne il miglior uso possibile.

Amma incontra regolarmente i dirigenti del Suo ospedale multispecialistico AIMS, per consigliarli su come gestire nel modo migliore il complesso. Risolve problemi e presenta loro nuove idee su come attuare e perfezionare l'organizzazione quotidiana dei vari reparti. Dice ai presidi delle Sue scuole come programmare il piano di studio e affronta tutti i problemi che si presentano nelle varie scuole. Consiglia gli operai che costruiscono case per i poveri, offrendo suggerimenti edili, ad esempio su come adottare nuove tecniche di costruzione o fare mattoni più resistenti. Spiega ai falegnami certi accorgimenti che essi non avevano mai nemmeno preso in considerazione, pur praticando il loro mestiere da anni.

Quando viaggiamo con Amma in India, vediamo come si sforzi di dare attenzione ai devoti che sono in tour con Lei. Anche se magari ha dato il darshan per quindici ore filate e non ha dormito affatto, quando i pullman si fermano per una pausa per il *chai*, Amma insiste a scendere dalla macchina per passare un po' di tempo con le persone che viaggiano con Lei. Donare sempre molto più di quanto non sia richiesto è nella natura di Amma. Si sforza senza sforzo, per così dire, perché tutte le Sue azioni nascono con naturalezza dall'amore. Tutto quello che fa serve per insegnarci qualcosa o renderci felici.

Durante la nostra prima visita a Pondicherry, Amma aveva perso la voce, ma cercò comunque di tenere il Suo abituale satsang nel corso del programma. Altri avrebbero delegato il compito di fare il discorso, ma Amma insistette nel parlare Lei stessa. Con il Suo consueto senso dell'umorismo, diede un colpetto al microfono e disse con voce roca: "Alza un po' il volume", come a suggerire che il problema non era nella Sua voce, ma nel microfono. Lo sforzo che ci mise fu incredibile. Fortunatamente per l'inizio dei bhajan la voce si era riscaldata, e riuscì a cantare. Dio doveva averLa sentita mentre scherzava con l'addetto ai microfoni!

Una signora che abitava all'ashram impersonificava benissimo l'insegnamento di Amma sulla necessità di impegnarci al massimo. Questa donna aveva due bambini piccoli, ma nonostante ciò era sempre disposta ad aiutare. Quell'anno, quando il tour dell'India raggiunse Madras, avevamo molte valigie che dovevamo spedire in America. Questa signora era appunto in partenza per l'America, quindi le chiedemmo se poteva portare qualche valigia con sé. Ci pensò per un secondo e poi rispose: "Una, due, tre, quattro... sì, posso proprio prendere quattro valigie!" Potete immaginare come mi sentii felice!

Dopo aver preso posto sull'aereo, un membro dell'equipaggio si avvicinò a lei e disse: "Mi spiace, signora, ma c'è stato un problema, e abbiamo dovuto spostare lei e i bambini in Prima Classe". Eccola lì, con gli abiti da lavoro dell'ashram, mentre veniva condotta verso la parte anteriore dell'aereo. Si sentiva un po' imbarazzata per le pessime condizioni dei suoi vestiti, ma riuscì comunque a godersi il servizio di Prima Classe.

L'anno successivo, quando la donna tornò all'ashram con il marito, gli disse: "Caro, ascolta, dovremmo proprio prendere qualche valigia con noi anche quest'anno". Lui era un po' esitante, ma alla fine acconsentì. Questa volta, dopo che avevano preso posto sull'aereo, l'hostess si avvicinò a loro e disse: "Mi spiace, ma c'è stato un problema, e abbiamo dovuto spostarvi tutti in Business Class". La signora si voltò verso il marito e disse: "Hai visto? Poiché sei stato esitante ad aiutare, questa volta ci prendiamo soltanto la Business Class!" Quindi non esitate mai a dare una mano, perché, se vi sforzate un po' di più, potrete trovarvi trasportati dalla classe normale alla classe del Divino.

Alcune persone possono lamentarsi che altri ricevono la grazia e loro no. Ma Amma dice che la grazia del Guru è come il sole, che splende sempre su tutti. Se non vediamo la luce, è probabilmente perché abbiamo le persiane chiuse, e dobbiamo fare un tentativo cosciente per aprirle. Se teniamo le persiane chiuse, non serve a niente incolpare il sole del fatto che non riceviamo luce. Così, non possiamo incolpare il Guru di non concederci la Sua grazia – dobbiamo soltanto deciderci ad aprire le persiane del nostro cuore.

Amma dice che la grazia è presente dietro ad ogni azione che compiamo, sebbene non ci pensiamo quasi mai e il più delle volte diamo per scontate le nostre azioni quotidiane. Si ritiene che ci siano oltre tremila miliardi di cellule nel corpo, e tutte funzionano soltanto in virtù della grazia. Possiamo erroneamente pensare di essere noi gli autori delle nostre azioni, ma senza la grazia di Dio non possiamo muovere nemmeno un muscolo. Una residente dell'ashram si era procurata una distorsione a una caviglia, ed era completamente bloccata a causa dell'infortunio. Venne da me e mi disse che questo incidente le aveva fatto capire davvero quanto grande sia il potere di Dio. Aveva ripensato a come Amma ci ricorda costantemente che non si può portare a termine niente senza la grazia. Ce ne rendiamo davvero conto soltanto dopo aver attraversato dei periodi difficili e sperimentato la grazia sotto forma di guarigione.

Alcune persone dicono che è il destino a controllare tutto. Credono che tutto ciò che succede nella vita sia predestinato e che quindi non ci sia niente che possano fare per migliorare la loro situazione. Amma ci dice che quest'idea è erronea, e che le

persone che la pensano in questo modo generalmente finiscono per abbandonare il sentiero spirituale. Quando le cose si fanno difficili, invece di intensificare i loro sforzi spirituali, con tutta probabilità abbandonano tutto e danno la colpa al destino.

Invece di disperarci per il nostro fato, dovremmo sempre mantenere un atteggiamento positivo e perseverare nelle buone azioni. Come sottolinea Amma, se abbiamo fame non diciamo: "Aspetto che il destino mi imbocchi". Saremo noi a prendere il cibo, portarcelo alla bocca e mangiarlo. Così, non dobbiamo ritenere che la mancanza di grazia sia dovuta al fato e dare la colpa a quello. Dovremmo semplicemente usare la forza di volontà e fare del nostro meglio per schierarci dalla parte del Divino. È il nostro sforzo a creare il destino. Quindi, dovremmo sempre cercare di impegnarci seriamente ed in modo positivo in tutto quello che facciamo.

Amma ci dà la forza di affrontare situazioni difficili. I nostri sforzi sinceri uniti alla grazia del Guru possono superare qualsiasi situazione negativa.

Un devoto europeo di lunga data mi ha raccontato una storia commovente verificatasi durante la visita di Amma in Europa l'anno precedente. Sua moglie aveva visto Amma indossare un sari arancione durante un Devi Bhava ed era stata sopraffatta dalla sua bellezza. A Monaco vide che il sari era stato messo in vendita e disse al marito di comprarglielo. Lui era preoccupatissimo al pensiero di quanto gli sarebbe venuto a costare! Ma andò comunque a comprarglielo, e al banco gli fu chiesto se voleva anche la camicetta. Non ne aveva idea, quindi andò a chiederlo alla moglie. Certo che voleva anche la camicetta! Quando qualcuno disse ad Amma che questa signora voleva comprare il sari, Amma disse che avrebbe potuto averlo ad una sola condizione: che lo indossasse. La signora era sconvolta solo a pensarci, ma infine acconsentì. Indossò la camicetta e il sari e si preparò per andare al darshan con il marito. Quando arrivarono da Amma, Lei colmò la signora di attenzioni e le disse quanto era bella. Poi Amma aggiunse: "Voglio sposarvi!" Il marito rimase scioccato, perché disse che erano già sposati, ma Amma insistette nel celebrare di nuovo la cerimonia.

Circa sei mesi dopo, la moglie morì all'improvviso per un attacco cardiaco. Mentre la teneva tra le braccia, sentendo che il suo cuore non batteva, il marito le disse: "Va'! Non restare con me!" Fece segno al suo spirito di liberarsi e di dirigersi verso l'alto. Sapendo che il corpo per natura cambia costantemente e l'Atman è immortale, egli capì che per la moglie era arrivato il momento di andare e non volle trattenerne lo spirito. Quando mi raccontò la storia, mi sembrò straordinario che fosse riuscito a staccarsi da lei in quel frangente, a comportarsi nel modo giusto e a lasciarla andare.

Mi disse che adesso l'amore di Amma riempie il vuoto che in precedenza era stato riempito dalla presenza della moglie. Fu davvero per grazia di Amma che si ricordò gli insegnamenti sull'impermanenza proprio al momento giusto. Il devoto era sicuro che durante la cerimonia di matrimonio condotta da Amma qualche mese prima, quando la moglie indossava il colore arancione, Amma le avesse dato il sannyas prima di morire. Amma in seguito disse al marito che la moglie non sarebbe dovuta rinascere, poiché era diventata una cosa sola con il *Paramatman*. Fu davvero commovente sentirlo raccontare questi avvenimenti, e osservare in lui l'abbandono che gli aveva dato la pace nonostante la morte della moglie.

Quando nel mondo accadono cose terribili, alcuni accusano Dio di crudeltà. Dovremmo ricordare che la sofferenza non è dovuta ad una presunta crudeltà di Dio, ma alle nostre azioni precedenti. Ogni cosa succede secondo la legge del karma. Amma dice che la vita consiste soltanto in due eventi: il compiere un'azione e lo sperimentarne il risultato. Se in passato abbiamo compiuto azioni sbagliate, possiamo impigrirci e deprimerci aspettandone il risultato. Oppure possiamo cercare di compiere delle buone azioni nel momento presente, in modo che il nostro futuro sia più luminoso.

Amma continua a ripetere "*Kripa rakshikatte*", o "Possa la grazia salvarci". Soltanto la grazia ci salverà. Amma sa che dietro ad ogni cosa c'è la grazia. Persone di tutte le parti del mondo hanno fatto esperienza della grazia di Amma. Gravi malattie sono state guarite. Molti sono stati salvati da incidenti e spesso anche da una morte prematura. La grazia del Guru è così forte che alla fine compirà in ognuno di noi il miracolo supremo. L'impossibile diventa possibile solo con la grazia del Guru. Questa grazia è il nostro unico rifugio, ed è l'unico di cui abbiamo davverro bisogno.

O Tu dalla forma affascinante,
il mio cuore Ti appartiene per l'eternità.
Cosa devo fare io, lacerata tra due mondi?

Non puoi fare a pezzi queste maledette catene
che mi tengono lontana da Te?
Non desidero la liberazione né l'immortalità,
puoi darle agli altri.

Desidero soltanto perdermi in Te,
ebbra della beatitudine del vedere sempre
la Tua forma dinanzi a me.
Mai i miei occhi si stancheranno di assorbire la Tua bellezza,
ad ogni istante sempre nuova di splendore e amore.

Prendi questo sogno e fanne una realtà,
quale altro può essere lo scopo della mia vita?
So che questa è la verità.

Capitolo 11

Altruismo e umiltà

*"Voi siete coloro che devono librarsi in alto,
nell'ampio cielo della spiritualità.
E per farlo
avete bisogno delle ali dell'altruismo e dell'amore.
L'opportunità di amare e servire gli altri
deve essere considerata un dono speciale,
una benedizione di Dio".*

Amma

C'è una storia nella tradizione buddhista che illustra splendidamente il potere dell'altruismo. C'era una volta un re che aveva tre figli, il minore dei quali era un ragazzino pieno d'amore e compassione. Un giorno il re e la sua famiglia andarono a fare un picnic e, appena arrivati sul posto, i principini corsero a giocare nel bosco. Dopo essersi avventurati nella foresta, con un fremito videro una tigre che aveva appena dato alla luce dei tigrotti. Estremamente provata dalla fame, sembrava che la tigre fosse sul punto di mangiare i cuccioli.

Il principe più giovane chiese ai fratelli: "Che cosa avrebbe bisogno di mangiare la tigre per riprendersi?"

"Carne fresca o sangue", risposero loro. "Ma dove si possono trovare?", chiese. "Esiste qualcuno disposto a dare la propria carne e il proprio sangue per sfamarla e salvare la sua vita e quella dei tigrotti?" I fratelli strinsero le spalle e rimasero in silenzio.

Profondamente commosso dalla sofferenza della tigre e dei cuccioli, il ragazzino incominciò a pensare: "È da tanto tempo che vago senza una meta in questo ciclo di nascita e morte, vita dopo vita. E a causa dei miei desideri, della collera e dell'ignoranza, ho fatto ben poco per aiutare gli altri. Ecco finalmente una grande opportunità".

Disse ai fratelli di andare avanti e che li avrebbe raggiunti dopo un po'. Silenziosamente ritornò strisciando verso la tigre e si sdraiò a terra accanto a lei, offrendosi come cibo. La tigre era così debole che non riusciva nemmeno ad aprire la bocca, così il ragazzino trovò un bastone appuntito e si fece un grosso taglio. Il sangue incominciò a sgorgare e la tigre lo leccò, in questo modo guadagnò forza sufficiente per aprire le mascelle e mangiarsi il principe. Attraverso questo straordinario atto di sacrificio di sé, il ragazzo riuscì a salvare la vita della tigre e dei suoi cuccioli.

Secondo il seguito della storia, ritenuta veritiera da molti buddhisti, il ragazzo rinacque e, grazie ai meriti della sua azione compassionevole, progredì rapidamente verso l'illuminazione, fino a rinascere come Buddha.

La storia non finisce qui. L'azione altruista del ragazzo non accelerò solo il suo progresso spirituale; purificò anche la tigre e i cuccioli del loro karma, rimuovendo anche qualsiasi debito avessero contratto con lui per essere stati salvati dal suo sacrificio. Il suo sacrificio fu talmente compassionevole che creò un legame karmico positivo tra loro, che si protrasse a lungo nel futuro.

La tigre e i suoi quattro cuccioli rinacquero infine come i primi cinque discepoli del Buddha, le primissime anime a ricevere i suoi insegnamenti dopo la sua illuminazione.

Tale è il potere di un'azione altruista. Amma cerca continuamente di insegnarci a vivere in modo altruista. Proprio come una candela si scioglie nel nulla per far luce agli altri, e il bastoncino d'incenso si riduce in cenere per offrire a tutti il suo profumo, Amma vuole che noi offriamo tutta la nostra vita al servizio del mondo.

Naturalmente non ci sta invitando a scavalcare il recinto della gabbia del leone allo zoo! Ai giorni nostri quel tipo di sacrificio non è necessario. La vita quotidiana ci offre moltissime opportunità per sacrificare il nostro ego per gli altri.

Diventare più altruisti non richiede in verità un grandissimo sforzo. Dobbiamo semplicemente cominciare a dare la precedenza agli altri, a cercare di essere sempre pronti ad aiutare in ogni modo possibile. Se mettiamo in pratica questi princìpi di base, saremo già ben diretti verso l'altruismo. Vita spirituale non significa essere in grado di recitare perfettamente dei mantra sanscriti o di restare seduti immobili per ore nella posizione del loto. Il fondamento di una riuscita vita spirituale consiste in verità solo nel diventare più semplici, gentili e disponibili. Se cerchiamo di diventare discreti esseri umani e di coltivare queste qualità concrete nella nostra vita quotidiana, allora automaticamente si manifesteranno tutte le altre qualità sublimi.

Sia che si viva nel mondo o in un ashram, l'altruismo è una qualità che bisogna sviluppare sul sentiero spirituale. Le persone sposate con famiglia sono molto fortunate in questo senso, perché avranno ovviamente molte opportunità di sviluppare altruismo nella loro vita familiare. Se vogliono trovare la felicità tra le mura domestiche, devono imparare a pensare agli altri prima che a se stessi. Se una madre ha un figlio, dovrà sempre pensare prima a lui. Anche se la madre è malata, salterà comunque i pasti o il sonno per prendersi cura del bambino. Le persone che hanno famiglia ricevono automaticamente un tirocinio di altruismo. Non resta loro che trasferire nella vita spirituale le lezioni che hanno imparato.

Uno dei brahmachari di Amma ha avuto un'esperienza commovente, che illustra le qualità di una madre generosa. Mentre stava viaggiando in treno, entrò nel suo compartimento una donna seguita dai suoi nove figli. Era evidente che erano molto poveri, e la donna sembrava affamata. Poiché il brahmachari aveva con sé del cibo, gliene diede un po'. Lei distribuì tutto tra i figli e non tenne niente per sé. Ciò nonostante sembrava felice che tutti i suoi figli avessero ricevuto qualcosa da mangiare. Poi lui notò che il bambino piccolo che lei teneva in braccio la stava guardando con tanto amore. Il bambino aveva in mano qualcosa da mangiare, e all'improvviso allungò la mano e mise il cibo in bocca alla madre. Al brahmachari sembrò che fosse la mano di Dio a nutrire la mamma, attraverso il suo bambino. Quando svilupperemo questo tipo di amore altruistico, Dio si prenderà sempre cura di noi.

Inizialmente la maggior parte delle persone vengono da Amma per avere amore da Lei, e ricevono molti baci e abbracci. Infine, la maggior parte dei devoti scopre che il Suo amore e la Sua grazia scorrono più abbondanti quando decidiamo di voler dare più che ricevere. La vera felicità è frutto dell'altruismo. Più doniamo agli altri e più riceveremo: è una legge cosmica. Raggiungeremo una vera pace mentale soltanto quando metteremo gli altri prima di noi stessi; in questo modo la nostra vita si riempirà di gioia.

Tutti desiderano essere felici. Se riusciamo a smettere di ricercare il piacere e il godimento e a pensare invece: "Che cosa posso fare per gli altri?", allora sì che arriverà la vera felicità. È soltanto quando non chiediamo niente in cambio per il nostro servizio che riceviamo la vera gioia. È difficile trovare la felicità se pensiamo soltanto a noi stessi, anche se abbiamo compreso intellettualmente i princìpi spirituali. Dovremmo allenarci a provare felicità nel dare gioia agli altri.

Qualche anno fa a Seattle si tennero le Paraolimpiadi. Tutti i partecipanti erano bambini fisicamente o mentalmente disabili. Durante una delle gare, nove bambini si riunirono per la partenza dei cento metri. Quando la corsa prese il via, tutti e nove incominciarono a correre verso il traguardo. A metà strada, un bambino si inciampò e cadde. Incominciò a piangere. Gli altri otto corridori lo sentirono piangere e rallentarono. Ad uno ad uno si fermarono, si girarono e tornarono indietro per aiutarlo. Una bambina con la sindrome di Down si chinò e gli diede un bacio, dicendo: "Questo ti farà sentir meglio". Poi si presero tutti a braccetto e camminarono insieme verso il traguardo. Tutti gli spettatori nello stadio si alzarono in piedi, e gli applausi continuarono per dieci minuti.

Invece di cercare di ricevere amore, dovremmo cercare di dare amore. Se ci aspettiamo di ricevere amore dagli altri, saremo sempre infelici. Ma se ci lasciamo andare il più possibile all'amore per gli altri, ci sentiremo immediatamente più felici. Invece di chiederci cosa possiamo ricevere dal mondo, cominciamo a domandarci cosa possiamo offrire, e inizieremo a diventare come Amma. È così che Lei vive. È il perfetto esempio dell'altruismo. Da Lei l'amore scorre come un fiume, perché Amma è la sorgente, è l'amore stesso. Lei non cerca di ricevere amore da nessuno, perché è eternamente colma; e poiché dona continuamente amore, noi non possiamo fare a meno di amarLa.

Quando osserviamo Amma dare il darshan, la vediamo traboccare di gioia effervescente. Mentre dà il darshan, La sentiremo dire cose del tipo: "Accertatevi che gli anziani vengano per primi, e che ci sia acqua da bere per tutti. C'è un signore anziano in sala che ha bisogno di aiuto per venire al darshan". Si prende continuamente cura dei bisogni di tutti, ed è consapevole di tutto ciò che Le accade intorno, in ogni direzione, a 360 gradi. Per contro, noi riusciamo a malapena a considerare ciò che abbiamo dinanzi agli

occhi. Se pensiamo a qualcuno, con grande probabilità si tratta di noi stessi. Amma pensa sempre a tutti eccetto che a Se stessa.

Un'altra persona rispettosa dei sentimenti altrui è il Presidente dell'India, il dott. A.P.J. Abdul Kalam. Amma fu invitata a fargli visita a Rashtrapati Bhavan, la Residenza Presidenziale di Nuova Delhi, e parecchi di noi erano presenti all'incontro. Sebbene egli parlasse principalmente con Amma, aveva anche la premura di guardare tutti gli altri. La sua consapevolezza si estendeva a tutti, non solo ad Amma. Ci fece sentire tutti come ospiti d'onore.

Amma fece visita al Presidente Kalam anche in un'altra occasione. Amma scese dalla macchina senza scarpe, e io non le presi, pensando che non ne avrebbe avuto bisogno. Il Presidente salutò Amma e dopo aver parlato per un po' con Lei, La invitò a fare una passeggiata nei bei giardini che circondano la proprietà. Noi ci allarmammo, pensando che Amma avrebbe dovuto camminare scalza, ma Lei disse di essere cresciuta in un villaggio, e di esserci quindi abituata. Il Presidente, allora, disse che avrebbe camminato scalzo anche lui, esclamando: "Amma, anch'io sono cresciuto in un villaggio!" Il vederli camminare scalzi attraverso i fiori e gli alberi mi ricordò l'importanza di rimanere semplici per quanto importanti si diventi.

Dovremmo tutti aspirare a coltivare una simile umiltà. Se ci sforziamo in tale direzione, possiamo imparare ad essere cortesi e gentili con gli altri e a diventare più consapevoli dei loro bisogni. Dovremmo sempre cercare di tenere in considerazione i sentimenti degli altri, e riflettere attentamente su quale effetto possono avere su di loro le nostre azioni.

Si dice spesso che l'umiltà del Guru è tale da rendere difficile distinguere il Guru dal discepolo. Con Amma funziona proprio così. Nell'agosto 2000 partecipò a New York al Summit del Millennio dei Leader Religiosi e Spirituali sulla Pace nel Mondo, presso la sede delle Nazioni Unite. Si trattava di un evento piuttosto lungo, che implicava l'ascolto di varie conferenze, per una durata di due giorni. Amma tenne il Suo discorso il secondo giorno e, una volta terminato, fummo tutti felici che i nostri impegni fossero finiti. Dopo aver digiunato tutto il giorno, non vedevamo l'ora di ritornare alla lussuosa camera d'albergo che ci era stata assegnata. Beh, per lo meno, io non vedevo l'ora. Gli swami avevano tutti già lasciato la sala principale, ed eravamo rimaste soltanto io ed Amma tra il pubblico, ad ascoltare le conferenze seguenti.

Sapendo quanto sia cortese Amma e pensando che non avrebbe preso l'iniziativa di andarsene, progettai un piano di fuga. Mi alzai, sperando che Amma si sarebbe comportata da Guru obbediente e mi avrebbe semplicemente seguita. Ma quando mi alzai, Amma restò seduta, intenta ad ascoltare i discorsi. Applaudiva quando applaudivano gli altri e sembrava considerare incredibilmente interessanti tutte le conferenze in inglese e in varie altre lingue che non capivamo nemmeno. Mi ignorò completamente.

Ci riprovai una seconda volta, mi alzai e dissi: "Su, Amma, adesso possiamo andare!" Lei continuò ad ignorarmi, ed io pensai: "Beh, se esco *davvero* e vado nel corridoio, allora Amma sarà *costretta* a seguirmi". Presi la borsa e mi allontanai verso il corridoio, pronta per andarmene. Amma restò incantata ad ascoltare il discorso, che in quel momento mi sembra fosse in coreano. Continuò ad ignorarmi. Sapeva che la cosa corretta da fare in quel momento era ascoltare i discorsi, anche se non li capivamo. Io mi rassegnai a fare la figura dell'idiota dopo essermi alzata a riseduta varie volte, e mi sedetti semplicemente nel corridoio sulla mia borsa, aspettando che Amma decidesse quando lasciare la sala. Poi, alla fine di uno dei discorsi, quando Amma ritenne che il momento fosse appropriato, si alzò e si diresse verso l'uscita. E, come avrebbe dovuto essere fin dall'inizio, fui io a seguire Lei.

Un altro episodio significativo si verificò mentre ci trovavamo a Washington. In America, i sistemi di sicurezza erano diventati estremamente severi, e a volte i passeggeri venivano scelti a caso per un controllo supplementare. Quel giorno particolare Amma venne scelta per una perquisizione extra, e io La accompagnai per fare da interprete. L'ufficiale di sicurezza era una donna dall'aria forte con maniere sgarbate. Io parlo un po' di malayalam, ma non certo in maniera fluente, quindi frugavo nella mia mente alla ricerca di un modo educato per dire ad Amma di alzarsi in piedi. Tuttavia, ciò che mi uscì dalla bocca fu la parola '*erenekke*', che ho spesso sentito dire, e che significa letteralmente 'alzati!'. A quel punto pensai di esser stata davvero maleducata nei confronti di Amma, visto che questo termine è generalmente usato soltanto per rivolgersi a dei bambini e non a un Guru. Ma Amma non ne fu turbata, perché non ha un ego da offendere.

L'ufficiale poi ordinò ad Amma di mettersi in equilibrio su una gamba sola, con le braccia sollevate, come in una posa di balletto. Io cercavo di trovare un modo per tradurre "posa di balletto" in malayalam, e mi chiedevo addirittura se Amma sapeva cosa fosse il balletto. Poi mi accontentai di dirle di mettersi in una posizione yoga. Amma cortesemente acconsentì. Mentre la signora faceva passare il metal detector sul corpo di Amma, il suo modo di fare si ammorbidì. "È così *bella*!", disse l'ufficiale. Ovunque ci si rechi, le persone si rendono conto che c'è qualcosa di molto speciale in questa donna semplice vestita di bianco.

Il resto del gruppo del tour osservava da lontano, ricevendo l'insegnamento di umiltà che Amma stava impartendo loro. Chiunque altro nella Sua situazione avrebbe potuto dire: "Non sai che sono una persona importante?" Ma Amma si limitò a sorridere gentilmente e con pazienza lasciò che la donna ricevesse il darshan in questo modo. Ancora una volta Amma dimostrò attraverso il proprio esempio le qualità divine che tutti noi dovremmo cercare di assimilare.

Quando sentiamo che il nostro ego si sta espandendo e pretende attenzione, Amma ci consiglia di guardare la vastità del cielo o la profondità del mare blu, osservando quanto siamo insignificanti al confronto. La vera grandezza si misura dall'umiltà. Invece di provare a sentirci più grandi, dovremmo cercare di diventare consapevoli della nostra piccolezza in questo universo infinito. Amma dice che quando ci sentiamo più piccoli di una formica possiamo diventare più grandi di tutto il creato.

Noi esseri umani abbiamo la tendenza a credere che la nostra specie occupi il gradino più elevato nella scala della creazione, ma ci sono molte lezioni che possiamo imparare da Madre Natura. Gli alberi ci possono insegnare tante cose sull'altruismo. L'albero del cocco, per esempio, ci offre ogni parte di sé. La polpa del cocco si mangia, il latte è un liquido nutriente. In India, il guscio e le foglie diventano legna da ardere e dalle fibre si ricava la corda. Le fronde vengono intrecciate e utilizzate come tetto per le case, oppure come scope. La legna viene impiegata per costruire case e steccati. L'albero ci dona tutta la sua forza vitale, non aspettandosi niente in cambio, e continuerà a farlo anche se intagliamo le nostre iniziali nella sua corteccia o lo abbattiamo. Un tale amore disinteressato ci fa vergognare delle nostre vite.

La terra attraversa molte difficoltà per sostentarci, senza mai lamentarsi. Prendiamo ad esempio un piatto di riso con spinaci, *dhal* (lenticchie) e verdure. Quante sostanze nutritive la terra ha dovuto fornire per far crescere quel riso, e quanto sforzo e fatica ci sono voluti per coltivarlo e trebbiarlo? Quante preziose gocce di pioggia e dorati raggi di sole ci sono voluti per far crescere le verdure? Quanta energia è stata necessaria perché una mucca mangiasse l'erba, che cresceva da settimane, e poi la trasformasse miracolosamente in latte, che è in seguito diventato il nostro yogurt? L'universo ci dona così tanto anche in un solo pasto che consumiamo in pochi minuti! Ci pensiamo mai? Come Madre

Natura, Amma sacrifica Se stessa per insegnarci a vivere correttamente e a servire altruisticamente il mondo. La vita di Amma è sempre stata soltanto un donare, mai un prendere, se non il dolore e la sofferenza di coloro che li depositano ai Suoi piedi.

Il poeta Hafiz ha scritto:

> *"Il sole non dice mai alla terra:*
> *'Mi sei debitrice'.*
> *Ed ecco cosa succede con un amore così.*
> *Illumina il cielo intero".*

Amma dona a noi e al mondo così tanta gioia! Se continuiamo a donare, il mondo si prenderà cura di noi. Possiamo trovare facilmente degli esempi nella vita di Amma. Quando era giovane, dormiva all'aperto sul nudo terreno, o era immersa nel fango della laguna che circondava la casa della Sua famiglia. A volte passavano mesi, e Amma sopravviveva mangiando soltanto qualche foglia di *tulasi*. Non andava mai alla ricerca di cibo, ma Madre Natura provvedeva a Lei. Erano gli animali a fornirLe sostentamento. Un'aquila Le lasciava cadere un pesce in grembo; un cane trasportava in bocca dei cartocci di cibo per Lei; una mucca Le si avvicinava in modo che Amma potesse berne il latte direttamente dalle mammelle. Amma ha raccontato che quando trascorreva ore a piangere per Dio, arrivavano dei pappagallini e incominciavano a piangere con Lei. Tutta la natura si univa a Lei nei Suoi sforzi di fondersi nel Divino. Tale era la compassione degli animali, in netto contrasto con il comportamento della Sua famiglia, che La riteneva pazza. Ancora oggi ogni tanto troviamo delle strane offerte sui gradini che conducono alla camera di Amma, o sullo stuoino fuori dalla porta. Amma dice che sono gli animali a lasciare lì per Lei questi doni.

Mentre la natura continua a donare, sfortunatamente la tendenza degli esseri umani è quella di prendere, chiedendo sempre di più, senza mai dare molto in cambio. Abbiamo accumulato un enorme debito karmico nei confronti della natura, del mondo e di tutte le persone che soffrono in ogni luogo. L'unico modo per ripagarlo è di fare del nostro meglio per imparare da Amma, che fa così tanto per essere di aiuto a tutti.

Da parte nostra, abbiamo bisogno di liberarci del nostro egoismo. Nel mondo d'oggi, servono persone altruiste che si diano da fare per risollevare l'umanità sofferente. Non basta semplicemente parlare di compiere buone azioni. Dobbiamo seguire l'esempio di Amma e mettere in pratica le nostre parole, per la nostra pace mentale e per quella del mondo.

La vita di Amma è il perfetto esempio di altruismo. Non siamo in grado di imitarLa perfettamente, ma possiamo almeno cercare di assorbire una frazione dell'altruismo e dell'amore perfetto che traboccano da Lei. Se lo facciamo, anche noi un giorno diventeremo senz'altro una benedizione per il mondo.

Non si può dire che la salute di Amma sia mai stata davvero buona. Spesso le persone La implorano di guarire Se stessa. Amma risponde di essersi offerta al mondo. Un dono, una volta fatto, non può essere ripreso indietro. Sebbene abbia guarito così tante persone, Amma non mostrerà mai alcuna preoccupazione per il proprio benessere. La Sua preghiera è sempre stata: "Possa io esalare il mio ultimo respiro consolando qualcuno tra le mie braccia". E questo senz'altro si avvererà.

Ti offro tutto,
ma la mia mente, traditrice,
ritorna furtiva al mondo.

Il mio cuore piange per Te,
ma il mondo mi trascina via.
Che vita miserabile è questa!

Prima di trovarTi,
ho commesso molti peccati.
Adesso desidero aggrapparmi ai Tuoi piedi di loto,
ma i miei peccati mi trascinano via.

Voglio annegare nell'oceano della Tua misericordia,
ma annego nelle mie lacrime.
Maya ha un'enorme presa su di me.
Ti prego, fa' che mi lasci andare.

Capitolo 12

Rinuncia

*"Dietro ad ogni buona causa,
troverete qualcuno
che ha rinunciato a tutto
e vi ha dedicato la propria vita".*

Amma

Un giorno chiesi ad Amma: "Che cos'è il vero vairagya (distacco)?" Amma rispose: "Tapparsi il naso quando si sente una puzza ripugnante". Rimasi scioccata dalla Sua risposta, perché avrei pensato esattamente l'opposto. Sembrava che Amma stesse dicendo che non dovremmo sopportare un odore ripugnante pensando: "Sono davvero grande, riesco a sopportare questa puzza terribile". In verità, Amma intendeva dire che dovremmo avere il discernimento di tapparci il naso e di non sopportare odori disgustosi. Amma mi stava insegnando che il vero vairagya ci dona la conoscenza che ci permette di compiere l'azione giusta, nel posto giusto, al momento giusto. Ma quanti di noi hanno questo distacco? La maggior parte di noi viaggia attraverso la vita in balìa di desideri e attaccamenti.

La pace va e viene; non rimane mai permanentemente con noi a causa delle nostre preferenze ed avversioni. La causa di tutte le nostre sofferenze sono i desideri che risiedono nella mente, quindi dovremmo cercare di mantenere il distacco, tenendo la mente lontana dalle cose verso cui desidera precipitarsi. Soltanto quando trascenderemo completamente tutti i desideri potremo davvero essere felici e pieni di pace in ogni circostanza. Amma è riuscita a raggiungere questo stato e, grazie al potere della completa padronanza di Sé, ha potuto compiere cose straordinarie e rendere un grande servizio all'umanità.

Amma è la prova che la vera fonte della felicità non ci sta aspettando nel mondo, ma all'interno di noi stessi. Se riusciamo a mettere in pratica la rinuncia, potremo vivere nel mondo, addirittura amare il mondo, senza pensare erroneamente che gli oggetti del mondo ci possano dare pace mentale o soddisfazione. Se comprendiamo questa verità, potremo dirigere la nostra ricerca all'interno, e lì trovare la pace della mente.

La vita di Amma è il perfetto esempio della vera rinuncia, che continua a darci lezioni. Un anno, arrivando all'ashram di Bangalore, scoprimmo che avevano costruito una bella stanza nuova per Amma. Ci avviammo su per le scale, diretti verso la stanza nuova, ma quando Amma vide il marmo verde che era stato usato per la scala, si arrabbiò e si sedette nel mezzo della scalinata. Non volle nemmeno dare un'occhiata alla camera. Dopo aver visto il lusso delle scale, immaginava che la stanza sarebbe stata ancora più sfarzosa. Il marmo è caro anche in India. Amma era furiosa al pensiero che così tanti soldi, che avrebbero potuto essere spesi per i poveri, erano stati sprecati per costruire una bella stanza che Lei avrebbe utilizzato soltanto due giorni all'anno.

Amma ha detto che le persone spirituali non dovrebbero pensare alle proprie comodità, ma imparare a scorrere come un fiume. Se un qualche ostacolo, come le radici di un albero, gli ostruisce il cammino, il fiume gli scorre dolcemente attorno. Come il fiume ha l'abilità di cambiare il proprio corso, così noi dovremmo imparare ad adattarci alle sfide e agli ostacoli della vita. Adattandoci a situazioni scomode, ci alleniamo ad essere felici di qualsiasi cosa Dio ci fornisca, fidandoci che ciò di cui abbiamo davvero bisogno verrà a noi senza doverlo chiedere. Quando viaggiamo, Amma ci dice di non disturbare gli altri, e di non infastidire i padroni di casa con ulteriori richieste personali. Non dovremmo creare difficoltà agli altri, ma essere soddisfatti di ciò che riceviamo.

Quando viaggiamo con Amma nei Suoi tour mondiali, ci sono spesso notti in cui non dormiamo, poiché ci spostiamo di città in città, o di nazione in nazione, ogni due o tre giorni, al termine di programmi che durano tutta la notte. A volte non abbiamo nemmeno il tempo di mangiare o bere qualcosa durante la giornata. Le persone che vengono ad incontrare Amma osservano il nostro stile di vita, quanto lavoriamo e quanto poco dormiamo, e non si capacitano di come riusciamo a farcela. È soltanto grazie al nostro amore per Amma che riusciamo a mantenere questo ritmo rigoroso. L'amore ci dà la forza di portare a termine qualsiasi cosa nella vita.

Ad *Amritavarsham50*, oltre alle centinaia di migliaia di devoti indiani, più di tremila persone provenienti da paesi stranieri hanno partecipato alle conferenze e ai programmi culturali tenutisi durante i quattro giorni celebrativi del 50° compleanno di Amma. Per molti si trattava della prima visita in India, e per alcuni di loro le condizioni di vita non erano semplici, ma non lo si sarebbe detto osservandoli in viso. Tutti splendevano di gioia. Per giorni, tanti di noi hanno a malapena mangiato o dormito, eppure si è trattato del momento più bello della nostra vita. Grazie all'amore per Amma, la gente è stata in grado di restare seduta per ore sotto il sole cocente, in un caldo soffocante, felice di rinunciare alle comodità della propria vita quotidiana per partecipare a questo evento speciale. Quando riflettiamo su come celebriamo il nostro compleanno, pensiamo consista nel ricevere dei regali e nell'esser trattati in modo speciale. Ma per Amma si è trattata di un'opportunità per fare in modo che tutti si riunissero a pregare per la pace e l'armonia nel mondo.

Alcune persone si innamorano talmente di Amma da seguirLa in giro per il mondo, abbandonando tutto per inseguire questa "ladra di cuori". Molti occidentali si sono addirittura trasferiti stabilmente in India per vivere con Lei. Con il passare degli anni, Amma ha trasformato completamente la vita dei devoti. Un tempo magari avevano lavori ben pagati e uno stile di vita lussuoso, che sono diventati insignificanti in confronto alla pace mentale che hanno raggiunto vivendo una vita semplice ai piedi di un Mahatma. In modo analogo, molti dei devoti che continuano a vivere lontani da Amma hanno scelto di dedicare il proprio tempo e i propri talenti al servizio altruistico, partecipando alle attività caritatevoli di Amma che si svolgono in varie parti del mondo. Ho visto con i miei occhi che queste persone sono cambiate in meglio, assorbendo gli insegnamenti di Amma e mettendoli in pratica nella loro vita.

Durante il tour del sud India del 2003 abbiamo visitato la città di Rameshwaram. C'era una grande folla che aspettava di ricevere il darshan di Amma, almeno ventimila persone. Il darshan continuò per tutta la notte, fino alla tarda mattinata. Quando il programma infine si concluse, inaspettatamente Amma decise di recarsi al luogo del programma successivo viaggiando in macchina, invece che con il camper. Nelle ultime ventiquattro ore non aveva né mangiato né dormito, esperienza sempre difficile per noi, ma niente di insolito per Amma. Viaggiando, Amma disse di avere un po' fame, quindi cercammo qualcosa da mangiare, ma il cibo che era stato preparato per Lei si trovava sul camper, e Amma disse di non volersi fermare a prenderlo.

Dopo un po' ci fermammo ad un passaggio a livello, e apparve un ragazzo con delle radici commestibili dall'aspetto strano. Amma era curiosa di sapere cosa fossero, e allora l'autista pescò due rupie dal suo taschino e comprò due di queste radici. Erano mezze crude, molto fibrose e leggermente amare, ma dopo averle assaggiate Amma decise che quel giorno sarebbero state il Suo pasto. Ce ne offrì un po' come prasad, e si masticò il resto.

Anche dopo esser stata sveglia tutta la notte, Amma non desiderò un letto su cui appoggiare la testa, e si accontentò di star seduta in macchina. Dopo non aver mangiato niente per oltre ventiquattro ore, fu felice di un pasto che valeva due rupie. Amma sa essere felice in qualsiasi circostanza, perché la fonte della Sua gioia non risiede nel mondo esterno, ma in quello interiore.

Aspettarci pace e felicità dal mondo esterno è come scavare una buca nel deserto sperando di trovare acqua per dissetarci. Anche se continuiamo a scavare per anni, probabilmente non troveremo mai dell'acqua. Se miracolosamente ne trovassimo, si tratterebbe probabilmente di acqua salata, che non farebbe altro che aumentare la nostra sete. Quando incontriamo Amma la nostra sete si placa, perché Lei ci insegna a trovare il vero appagamento all'interno.

C'era una volta un ricco che accumulava tutto il proprio denaro e lo spendeva solo per oggetti di lusso. Un giorno, mentre apriva la portiera della sua Mercedes, passò di lì un camion ad alta velocità, scardinando la portiera dell'auto. Arrivò un poliziotto e trovò l'uomo che fumava di rabbia, lamentandosi amaramente del danno recato alla sua preziosa vettura.

"È matto?", gli chiese il poliziotto. "È così preoccupato della sua bella macchina che non si è accorto che il camion le ha portato via il braccio sinistro!"

"Oh, NO!", disse l'uomo, guardando in basso e notando che gli mancava un braccio. "Dov'è il mio ROLEX?"

Quando capiremo che la felicità non si trova negli oggetti esteriori o nei piaceri dei sensi, senz'altro non vorremo più sprecare soldi in cose inutili e li utilizzeremo invece per servire i poveri.

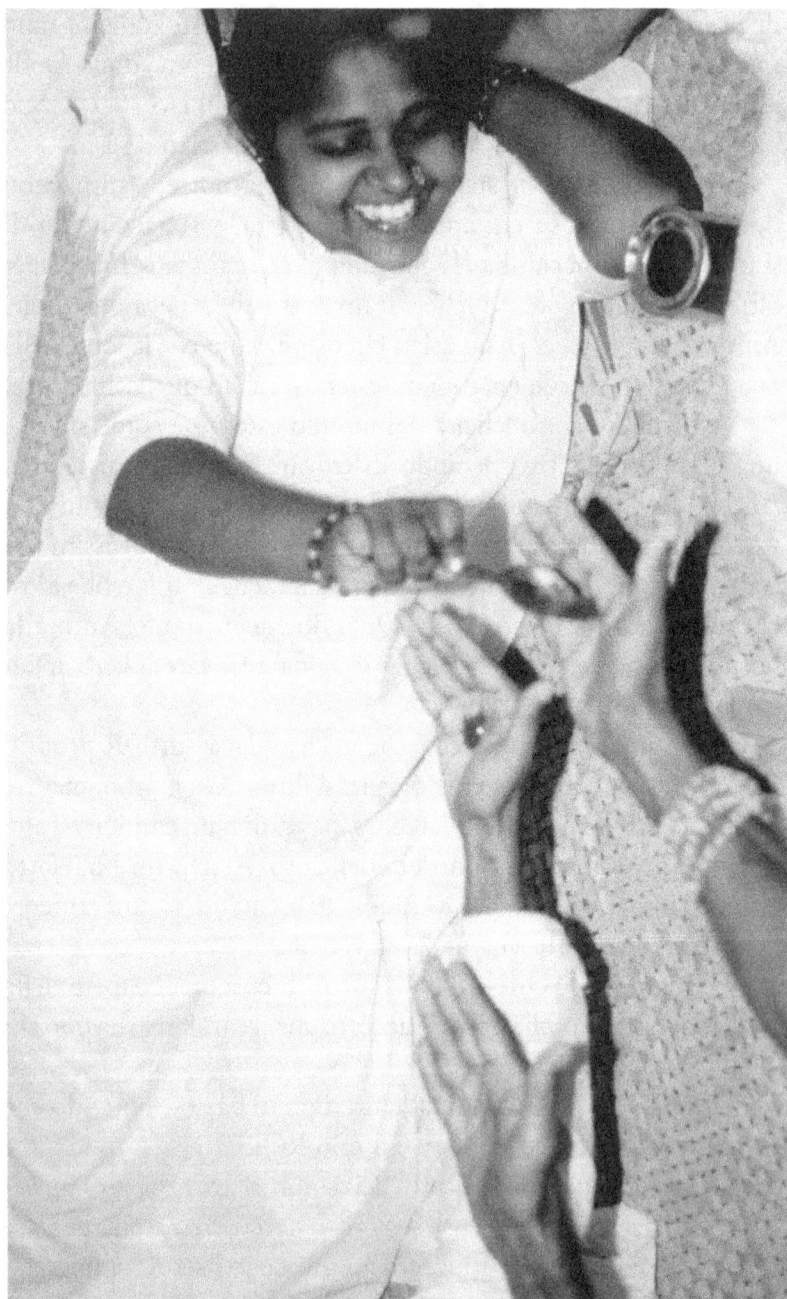

Molti dei bambini che sono cresciuti intorno ad Amma hanno imparato questa importante lezione. L'anno scorso, in Europa, un ragazzo svizzero, flautista di talento, vinse una competizione nazionale. Ricevette in premio del denaro, ma era riluttante a tenerlo, perché sentiva che in realtà apparteneva ad Amma. Pensava che fosse stata Amma a suonare il flauto attraverso di lui, e voleva che i soldi andassero ad Amma per essere utilizzati in opere caritatevoli. Amma fu molto commossa dalla sua generosità.

Nonostante fosse felice per il successo del fratello, la sorella minore del ragazzo era triste perché sentiva di non aver niente da offrire ad Amma. Quando andò al darshan, Amma le disse: "Puoi imparare anche tu a suonare uno strumento, e magari un giorno vincerai un premio e potrai anche tu donare i soldi per aiutare i poveri". Una settimana dopo fu il suo compleanno, e i nonni diedero alla ragazzina dei soldi per un gelato. Invece di usare il denaro per sé, andò al darshan e insistette affinché questi soldi fossero destinati ad aiutare gli altri. Amma accettò l'offerta, e il desiderio della bambina si realizzò.

Amma dice che Dio non ha bisogno di niente da noi, perché è eternamente completo e non gli manca niente. Ma ci sono così tante persone al mondo che soffrono immensamente e hanno bisogno del nostro aiuto. Servendo loro, ne beneficiamo anche noi, perché aiutando gli altri il nostro cuore si espande, sviluppiamo la compassione e cresciamo spiritualmente.

Delle migliaia di persone che si recano ogni giorno a trovare Amma, forse un venti per cento è benestante e non ha bisogno di niente. Un altro trenta per cento in un modo o nell'altro riesce a soddisfare i bisogni essenziali. Il rimanente cinquanta per cento fatica davvero a sopravvivere. Spesso queste persone devono rinunciare a cibo, cure mediche e ad altre necessità a causa della loro estrema povertà. Per venire da Amma a volte devono prendere in prestito dei vestiti da qualcuno, perché non hanno niente di decoroso da indossare. A volte le donne devono vendere i braccialetti o gli orecchini per racimolare soldi sufficienti per venire all'ashram. Ci sono persone che digiunano per un giorno o due per risparmiare abbastanza per venire da Amma.

Di recente, mentre ci trovavamo a Singapore, un giornalista chiese ad Amma quale fosse secondo Lei la causa di tutti i problemi del mondo. Amma rispose di ritenere che il più grande nemico della società sia la povertà. Disse che è una delle ragioni principali per cui si diventa terroristi, si incomincia a far uso di droghe o si commettono omicidi. È a causa della povertà che la gente ricorre al furto e alla prostituzione, soltanto per riuscire a trovare il modo di sopravvivere. Amma ha detto che se sradicheremo la povertà, la maggior parte dei mali che oggi affliggono la società verranno spazzati via.

Poiché tutti noi in un modo o nell'altro dobbiamo lavorare per vivere, Amma suggerisce di lavorare una mezz'ora in più al giorno per i poveri, come servizio al mondo. Dice che se ognuno di noi donasse una piccola porzione delle proprie entrate quotidiane a istituzioni di beneficenza che aiutano i poveri, l'ottanta per cento di tutti i problemi del mondo potrebbe essere eliminato.

Si dice che gli esseri umani abbiano due problemi fondamentali. Uno si verifica quando i nostri desideri non si realizzano, l'altro quando si realizzano. Si dice inoltre che quando Dio vuole punirci, ci dà tutto quello che Gli chiediamo. Sovente noi preghiamo per ottenere molte cose, ma una volta che le abbiamo, ci rendiamo conto che in realtà non le volevamo. Alcune persone passano tutta la vita a preoccuparsi della salute o a rincorrere il successo, la fama o la ricchezza. Le persone che inseguono queste cose raramente le raggiungeranno, e se per caso ce la dovessero fare, non saranno felici a lungo, né sperimenteranno vera pace mentale. È meglio lasciare che siano queste cose ad inseguire noi, piuttosto che noi ad inseguire loro. Ciò di cui abbiamo davvero bisogno, ci verrà senz'altro dato da Dio.

Alcune persone hanno tutti i lussi del mondo ma continuano ad essere infelici. Esistono addirittura persone che vivono in magnifiche dimore dall'aria condizionata e finiscono per suicidarsi. Raramente sentiamo dire di persone che in punto di morte rimpiangono di non aver avuto maggiori proprietà o denaro. Ma sentiamo di persone che rimpiangono di non essersi goduti di più la vita e di non aver imparato ad amare davvero gli altri.

Quando ci troviamo faccia a faccia con la morte, tutto ciò che fino a quel momento avevamo desiderato ardentemente all'improvviso sembra privo di importanza. Amma dice che cerchiamo di assicurarci un buon livello di vita, pensando che la ricchezza possa essere una garanzia nei confronti dell'ignoto, ma ci dimentichiamo che la morte ci può sorprendere in qualsiasi momento. Dovremmo cercare di vivere una vita virtuosa, ricordandoci di questa verità. La nostra vita non dovrebbe essere come quella di un cane che abbaia al proprio riflesso allo specchio, pensando che sia reale. Non dovremmo rincorrere le ombre, ma rivolgerci all'interno per trovare il vero appagamento. Quando ci abbandoniamo ai piaceri dei sensi, sprechiamo la nostra preziosa energia vitale. Un cane che mastica un osso si gusta il sapore del sangue che cola dalle sue gengive, pensando che venga dall'osso. La nostra ricerca di felicità nel mondo esterno assomiglia a questo. Ciò che consideriamo essere la fonte della felicità è in verità un'illusione che conduce alla sofferenza.

Niente è eterno a questo mondo. Quando abbiamo un attaccamento per degli oggetti esterni, l'unico risultato possibile sarà il dolore. La lezione che la sofferenza ci insegna è che dovremmo invece rivolgerci a Dio. Amma dice: "La rinuncia è possibile soltanto quando si ha amore per l'obiettivo più alto, arrivare a Dio". La rinuncia non può essere imposta – possiamo solo cercare di sviluppare delle buone qualità, e quelle brutte automaticamente scompariranno.

Strappa via queste catene che mi tengono legata.
Il mio cuore desidera soltanto amarTi senza fine
ma la mia mente, traditrice,
scivola di nuovo verso il mondo.
Sono intrappolata senza speranza
tra il dolore dell'illusione e la dolce beatitudine
del ricercare la Tua forma misericordiosa.
Quanti giorni
di agonia devo ancora sopportare,
prima che Tu mi conceda di toccare
i Tuoi piedi di loto?
Per quanto tempo ancora questo fragile corpo dovrà
subire la tortura della separazione da Te?

Capitolo 13

La cosa più importante è l'atteggiamento

"Acquisite più forza per affrontare gli ostacoli
che sorgeranno sul sentiero spirituale.
Non possiamo cambiare le situazioni della vita,
ma possiamo cambiare il nostro atteggiamento nei loro confronti".

Amma

Abbiamo controllo su pochissime cose nella vita. Non possiamo controllare le azioni degli altri, né il risultato delle nostre azioni. L'atteggiamento con cui compiamo un'azione è l'unica cosa su cui abbiamo un completo controllo. Amma dice che non abbiamo controllo sul vento che soffia sull'oceano, ma se allineiamo le nostre vele in direzione del vento, esso ci farà avanzare.

La vita è una miscela di piacere e dolore – non è mai priva di angoscia e sofferenza. Soltanto quando trascendiamo i desideri possiamo essere davvero felici e in pace in ogni circostanza. Se qualcuno un giorno ci fa dei complimenti e il giorno dopo ci critica, la cosa ci potrà disturbare. Amma dice che dovremmo sviluppare una mente che non venga turbata dalle circostanze, qualunque esse siano. In quanto aspiranti spirituali, dobbiamo imparare a mantenere equanimità e serenità mentale in tutte le situazioni della vita.

Se analizziamo le circostanze della vita di Amma e il modo in cui Lei le ha affrontate nel corso degli anni, capiamo che è il modo in cui rispondiamo alle situazioni a determinare la nostra esperienza interiore. Sebbene non sia stata sempre così ben accetta, oggi Amma è famosa per le Sue importanti attività umanitarie e i Suoi semplici gesti d'amore espressi nei darshan quotidiani. Nemmeno di fronte alle avversità e al disprezzo Amma ha mai perso la propria serenità.

Molti anni fa, alcuni abitanti del villaggio vicino all'ashram erano profondamente ostili nei confronti di Amma. Non capivano né Lei né la spiritualità, quindi spesso criticavano Amma e l'ashram. Col tempo, sono arrivati a comprendere almeno in parte la grandezza di Amma.

Nei primi di settembre del 2000 ritornammo in India dopo che Amma aveva tenuto un discorso all'Assemblea Generale delle Nazioni Unite a New York. La gente in Kerala era orgogliosissima di Lei, la prima persona a parlare in malayalam all'ONU. Per molti chilometri, lungo la strada che conduce all'ashram, all'ingresso di ogni casa erano state accese delle lampade ad olio per rendere omaggio ad Amma. Le persone che un tempo La insultavano adesso La veneravano. In entrambe le situazioni, Amma era rimasta serena e neutrale. Un tempo Le tiravano pietre, adesso Le tirano fiori...

Un giorno una delle ragazze dell'ashram incominciò a raccontarmi quanto stesse soffrendo. Disse che si sentiva molto lontana da Amma e non aveva alcun rapporto con Lei. Amma allora le diede un consiglio: "Puoi guardare il sole e pensare di voler essere come lui. Ma sai che in sostanza ciò non potrà mai succedere. Perché non cerchi di diventare per lo meno una lucciola? È sufficiente essere come una lucciola. Anche se non siamo in grado di diffondere luce piena e calore sul mondo come il sole, possiamo per lo meno diventare come un piccolo bagliore nel buio. Un piccolo raggio di luce per rischiarare la strada a qualcuno".

Le sofferenze fanno parte della vita. Sono come uccelli che volano nel cielo. Dovremmo permettere loro di volare, ma non lasciare che costruiscano il nido sulla nostra testa. Non dovremmo rimuginare sulle sofferenze, né permettere che restino con noi per sempre. Bisognerebbe invece lasciarle andare. Ci può sembrare di trovarci nelle tenebre, ma in verità le tenebre non esistono. Amma dice: "Aprite il vostro cuore e scoprirete che l'oscurità non è mai esistita, che c'è sempre stata solo la luce. Se percepiamo le tenebre, dovremmo ricordare che portano con sé la luce dell'aurora". Amma continua a ricordarci che noi siamo la luce di Dio, una luce che è sempre presente dentro di noi. Siamo noi a chiudere porte e finestre, e poi ci lamentiamo che la luce non entra.

Il nostro atteggiamento è responsabile del modo in cui affrontiamo la vita, e determina se sperimentiamo dolore e sofferenza oppure felicità. La maggior parte del tempo tendiamo a soffermarci troppo sui problemi e sulle difficoltà che abbiamo, invece di ricordare tutte le cose buone che ci sono state date. Ci sono moltissime persone afflitte da problemi e sofferenze enormi: se ci ricordiamo di ciò che davvero abbiamo, specialmente della grazia di aver incontrato Amma, la nostra vita ci sembrerà un paradiso in confronto.

Una signora neozelandese mi ha raccontato di come Amma un giorno le abbia offerto una lezione importante. Stava finendo di pulire i tavoli nella mensa dell'ashram, dopo che tutti avevano finito di mangiare. Soffriva di artrite, ed era seccata alla prospettiva di dover lavorare ancora un po' con un dolore persistente all'anca. A quel punto le si avvicinò una bambina che viveva all'ashram. Aveva nove anni ed era dolcissima. Si era da poco rotta un polso cadendo e aveva il braccio destro ingessato. La ragazza si avvicinò allegramente alla signora e le chiese se poteva aiutarla. La signora vide il gesso e le fece notare che si era da poco fatta male al braccio. "Beh, mi rimane ancora un braccio per aiutare!", rispose sorridendo la bambina. La signora si sentì malissimo. Ecco una bambina con problemi come i suoi, che aveva comunque il desiderio di aiutare il prossimo.

Oggigiorno sono in pochi ad accostarsi al servizio altruistico con vero amore e gioia. Amma ha commentato spesso che all'ashram le persone lavorano molto, ma non sempre nella giusta prospettiva. Scherzosamente si è notato che all'inizio alcune ragazze vengono all'ashram con il desiderio di essere utili. Prendono una ramazza e incominciano a spazzare. Ma dopo un po' il loro atteggiamento servizievole scompare e invece di usare la scopa per spazzare, corrono di qua e di là tirandola in testa alla gente!

Quando vediamo persone svolgere il loro lavoro con vero amore e concentrazione, allora anche noi cominciamo a condividere la loro gioia. Diventa una cosa contagiosa. Per esempio, varie persone mi hanno detto che sentono davvero l'amore delle brahmacharini per Amma quando ricevono da loro un massaggio *ayurvedico* nella clinica dell'ashram durante il *Panchakarma*. Fare un massaggio può non sembrare una pratica spirituale, ma ogni cosa, quando viene svolta con l'atteggiamento giusto, può diventare un mezzo per ricevere la grazia di Amma.

L'intenzione dietro l'azione è essenziale ed è ciò che in ultima analisi determina il risultato. Un assassino può usare un coltello per uccidere, e dovrà scontare un karma negativo a causa delle sue intenzioni malvagie. Un dottore, invece, può compiere un'operazione chirurgica con un coltello simile, ma con l'intenzione di salvare la vita al paziente. Questo intento creerà un karma positivo. Sebbene lo strumento e l'azione siano gli stessi, l'atteggiamento dietro l'azione è diverso.

Poiché è l'atteggiamento a determinare il risultato, dovremmo cercare di compiere le nostre azioni con una buona attitudine, in modo che la grazia di Dio possa riversarsi su di noi.

Amma definisce la spiritualità un'arte che ci insegna a vivere tutta la vita nella perfezione. La comprensione dei princìpi spirituali è il tipo più importante di conoscenza che possiamo raggiungere nella vita, perché la spiritualità ci insegna a vivere in questo mondo materialistico e a gestire la nostra vita. Anche se abbiamo fede in Dio, i nostri attaccamenti possono comunque prosciugare la nostra energia se non abbiamo la giusta comprensione. Una persona può condurre una vita felice solo se ha anche la conoscenza dei princìpi spirituali, e sa che il mondo è per natura irreale e in continuo cambiamento. Ma chi non è consapevole degli inevitabili alti e bassi della vita proverà sempre sofferenza, paura ed ansia.

Gli ostacoli possono renderci più forti. L'arcobaleno, incantevole nel suo brillante riverbero di colori, appare solo quando piove. Così, la felicità e la sofferenza sono le due facce della stessa medaglia. Attraverso qualcosa di brutto, può anche verificarsi qualcosa di buono. Ad esempio, nel 2001, in Gujarat un grande terremoto causò enormi sofferenze alle vittime, ma risvegliò anche intensa compassione nel cuore delle persone in ogni parte del mondo, spingendole ad aiutare.

Mi ricordo di essermi commossa leggendo un articolo su alcuni facchini di una stazione ferroviaria del Gujarat e sulla loro reazione piena di compassione alla devastazione del terremoto. Generalmente i facchini vengono considerati persone insensibili, che si guadagnano da vivere infastidendo i passeggeri e si fanno pagare un prezzo eccessivo per portare i loro bagagli. Ma questo gruppo di facchini era ben diverso. Subito dopo il terremoto, essi misero insieme i loro soldi, prepararono del cibo e servirono pasti gratuiti a chi arrivava alla stazione. Aprirono il loro cuore,

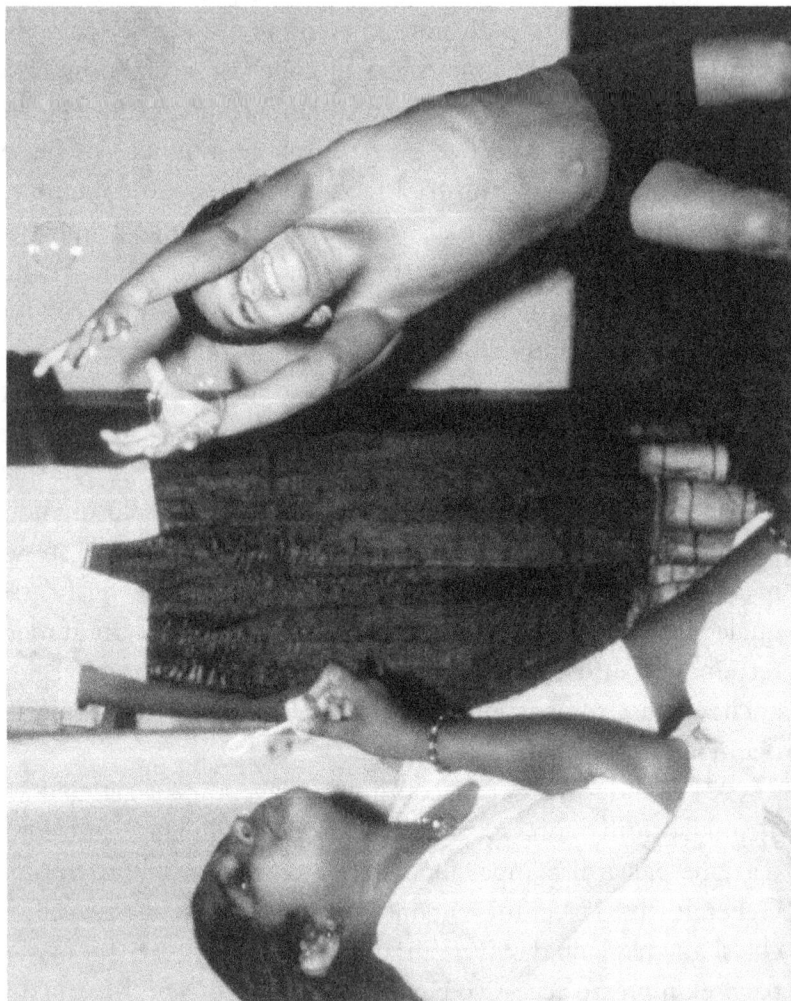

prendendosi cura dei sofferenti invece di preoccuparsi del proprio guadagno personale.

Molti degli abitanti del Gujarat persero la casa e i loro cari nel terremoto. Quando alcune vittime si recarono al darshan di Amma ad Ahmedabad, Amma si interessò con preoccupazione della loro situazione. Chiese loro: "Come ve la cavate? Riuscite a far fronte a questa enorme perdita?" Con calma essi risposero: "Dio ci aveva dato e adesso ci ha tolto". Non erano così sconvolti come ci saremmo aspettati, ma accettavano la situazione.

Amma ci ricorda che i giorni passano in fretta. Possiamo ridere oppure piangere; e allora non è forse meglio ridere e mantenere una prospettiva positiva qualunque cosa la vita ci presenti? Mentre ci trovavamo in Canada, lessi un articolo su alcuni incendi che si erano verificati in un'area agricola. Un coltivatore di patate ultra ottantenne aveva visto ridursi in cenere tutta la tenuta e la casa, appartenute alla sua famiglia per generazioni. Non gli erano rimasti che i vestiti che indossava. Tutto era andato letteralmente in fumo. Quando un giornalista gli chiese come si sentisse ad aver perso tutto, la sua risposta fu: "Beh, penso di essere il primo agricoltore nella storia che ha visto le sue patate cotte prima di essere raccolte". Il reporter fu sbalordito che riuscisse a scherzare su una perdita così grande e gli chiese: "Come fa a scherzare avendo perso ogni cosa?" La sua risposta fu: "Beh, ridendo o piangendo, i giorni se ne van da sé, e non sta a noi chiederci il perché". È questo l'approccio che dovremmo tenere nella nostra vita spirituale.

Ognuno di noi può scegliere il proprio atteggiamento nei confronti delle varie situazioni della vita. Se ci impegniamo abbastanza, possiamo trovare quasi sempre qualcosa di positivo, persino in quelle che ci sembrano le peggiori circostanze possibili. Nei campi di concentramento in Germania durante la seconda guerra mondiale c'erano uomini che si muovevano tra le capanne fatiscenti a confortare gli altri, offrendo il loro ultimo pezzo di pane. Queste anime generose non erano tante, ma verranno ricordate per sempre. Sebbene tutto quello che avevano gli fosse stato portato via, questi pochi uomini scelsero di donare fino alla fine, fino al momento in cui non restò loro più niente. Nel donare, fecero l'esperienza della gioia della vita.

È importante mantenere uno stato mentale positivo. Dobbiamo avere innocenza, sincerità e fede totale. Se abbiamo un atteggiamento tiepido, non saremo mai in grado di raggiungere la meta.

C'è una storia divertente di una donna e dei suoi due figli. I ragazzi volevano andare a vedere un certo film, e supplicarono la madre, dicendo: "Mamma, nel film c'è soltanto *un po'* di violenza e *un po'* di sesso". La donna ci pensò su e decise di dare loro una lezione che spiegasse l'effetto di *un po'* di qualcosa. Fece una torta al cioccolato e poi disse: "Ho fatto questa torta e ci ho messo dentro soltanto *un po'* di cacca di cane, ma non ne sentirete il gusto. Non ve ne accorgerete nemmeno. E se ne mangiate una fetta, potete andare al cinema". I ragazzi ne furono talmente disgustati che non riuscirono nemmeno ad avvicinarsi alla torta. Questa storia illustra come soltanto *un po'* di negatività, egoismo o mancanza di sincerità possa fare molta differenza.

Se abbiamo un cuore aperto e facciamo lo sforzo adeguato, la grazia di Dio verrà a noi. Un anno, durante il Devi Bhava in Giappone, un uomo tra il pubblico cantò il bhajan *Ishwar Tumhi* in giapponese. Amma fu sorpresa nel sentirlo cantare. Qualcuno spiegò ad Amma che da ventisei anni quest'uomo lavorava sei giorni alla settimana nel ristorante cinese della sua famiglia. Per tutti questi anni aveva avuto soltanto un giorno di riposo alla settimana, sempre il mercoledì. Sebbene fosse un devoto di Amma da molti anni, non era mai stato in grado di incontrarLa. Quell'anno, per la prima volta, il programma si svolgeva di mercoledì, e lui poté finalmente incontrarLa e cantare per Lei. Alla fine del bhajan, l'uomo scoppiò a piangere. Amma fu deliziata nel sentirlo cantare con tanta sincerità e devozione.

Una volta un uomo anziano venne all'ashram per qualche giorno. Ogni volta che si recava al darshan, tutti notavano la dolcezza con cui Amma lo abbracciava. L'uomo diventava come un bambino in Sua presenza, sebbene fosse molto anziano. Qualcuno gli aveva regalato due camicie bianche e due dhoti. È tradizione offrire qualcosa al Guru, e lui si sentiva a disagio per essere così povero da non poter dare niente ad Amma. Ma poi si rese conto di non aver davvero bisogno di entrambi i completi, e decise di dare ad Amma durante il darshan una delle due camicie. Amma fu così felice di ricevere la camicia che la indossò immediatamente e continuò ad indossarla fino alla fine del darshan. Tutti si recarono al tempio per vedere Amma che indossava una camicia che si intonava perfettamente al Suo sari. Fu davvero bello vedere l'anziano signore immerso nella beatitudine seduto dietro ad Amma – era felicissimo che Amma avesse indossato la sua camicia. Amma non aveva potuto resistere. Aveva *dovuto* indossarla. Osservando Amma, era evidente che l'offerta di un cuore innocente era per Lei irresistibile.

È molto facile essere calmi e pieni di pace quando si sta seduti con gli occhi chiusi. Tuttavia, dovremmo mantenere la stessa attitudine quando siamo coinvolti nelle attività del mondo. Quando si verificano delle situazioni difficili, dobbiamo mantenere la stessa stabilità mentale che abbiamo quando ci accadono delle cose belle. Bisognerebbe essere in grado di adattarsi ad ogni circostanza e di mantenere l'equilibrio mentale anche quando si è immersi in situazioni stressanti. Questo è il vero test per scoprire se siamo diventati spiritualmente forti. Tutto quello che possiamo fare è sforzarci al massimo, lasciando il resto nelle mani di Dio.

La mia vita si è spezzata in due
come un albero colpito da un fulmine.
Il Tuo amore mi ha trafitto il cuore
e ha acceso una fiamma di desiderio per Te.

I venti crudeli di questo mondo
cercano di estinguere il mio amore,
ma Tu continui a proteggerlo
e nutrirlo con la Tua compassione.

Com'è solitaria questa vita,
come un triste canto.

Vado alla deriva tra sofferenza ed illusione.
In tanti mi stanno attorno,
ma loro non mi appartengono, né io a loro.
Tu sola sei incastonata nel mio cuore.

Sei come la dolce rosa, bella
e profumata senza pari.
Ma le Tue spine acuminate
sono tutto ciò che riesco ad afferrare.

Capitolo 14

La Madre onnisciente

*"Come fa Amma a dire chi e cosa Lei sia?
Come si fa a speigare quello Stato Supremo?"*

Amma

Molti anni fa all'ashram mi imbattei in un cestino che si trovava nel corridoio della balconata del tempio. In quel cestino c'erano circa trenta pacchetti di biscotti, e io sapevo che sarebbero stati distribuiti ai brahmachari. Pensai che una volta che fossero arrivati ai brahmachari, probabilmente io non ne avrei ricevuto nessuno. Quindi, mi conveniva prendermi immediatamente la mia parte. Guardandomi intorno per assicurarmi che nessuno mi vedesse, presi un pacchetto, me lo misi nel sari e continuai per la mia strada. Più tardi, quel pomeriggio, Amma mandò da me una ragazza, che disse: "Amma chiede se ricevi cibo a sufficienza qui all'ashram". Mi uscì dalla gola un "sì" strozzato, e mi sentii addoloratissima. Amma sapeva quello che avevo fatto, anche senza avermi vista. Non mangiai più quei biscotti!

Amma sa tutto quello che succede ai devoti. Anche se è lontana, sa comunque le cose che ci capitano e il modo in cui reagiamo in ogni circostanza.

Un giorno un brahmachari chiese ad Amma se Lei fosse a conoscenza di tutto quello che succede nel mondo, cosa che a lui sembrava impossibile. A questo ragazzo piaceva il tè, ma a quei tempi il tè era proibito nell'ashram, e si serviva soltanto latte annacquato. Se mentre Amma meditava il brahmachari fosse andato ad un chiosco e si fosse preso un tè, Amma l'avrebbe saputo? Amma disse che l'avrebbe senz'altro saputo. Amma dice che anche se a volte fa finta di niente, è sempre consapevole se facciamo qualcosa di sbagliato.

Potrà addirittura far finta di aver scoperto qualcosa che abbiamo fatto attraverso un'altra persona. Si verifica dunque una circostanza, creata da Amma o manifestatasi spontaneamente in Sua presenza, che Le permette di far emergere tutte le nostre vasana, in modo che possano essere rimosse. Per esempio, ci potrà sembrare che Amma guardi tutti eccetto noi; ma può trattarsi soltanto di un test per esaminare la nostra reazione. Proprio come un dottore ayurvedico ha bisogno di vedere tutti i sintomi di un paziente prima di prescrivere una cura, può essere che Amma voglia vedere le nostre tendenze prima di sapere quale sadhana affidarci.

Amma potrà anche sgridarci per qualcosa che non abbiamo fatto, soltanto per vedere come reagiamo. Sebbene a volte faccia finta di non sapere niente, in altri momenti ci fa capire chiaramente che non Le sfugge nulla. Noi vediamo soltanto la superficie delle cose, ma la visione di Amma penetra al di sotto della superficie e percepisce il passato, il presente e il futuro di tutte le situazioni. La nostra comprensione limitata può farci dubitare, ma dobbiamo aver fede: Amma sa davvero quello che fa.

A volte, quando facciamo una domanda ad Amma e riceviamo da Lei una risposta insolita, ci sembra quasi che non abbia capito quello che Le abbiamo detto. Ma, magari anni dopo, ci potrà capitare di capire all'improvviso il significato della Sua risposta. In altre occasioni Amma non risponde alle nostre domande. Ha detto che non spetta sempre a Lei raccontarci tutto, e che ci sono alcune lezioni che dobbiamo imparare direttamente dalla vita.

Le anime che hanno realizzato Dio non possono mai sbagliare. A volte ci potrà sembrare che non abbiano ragione, ma alla fine scopriremo che ce l'hanno sempre. Un giorno, mentre stavamo viaggiando in macchina, qualcuno sentì un leggero odore di bruciato. Amma diceva che c'era qualcosa che bruciava dentro la macchina, ma tutti noi insistevamo nel dire che la puzza di bruciato veniva da fuori. Una volta arrivati a destinazione, mentre parcheggiavamo nel vialetto incominciò ad uscire fumo dal motore. Un piccolo tubo di plastica era rimasto incastrato vicino alla batteria, e aveva incominciato a fondersi, provocando l'odore di bruciato. Ancora una volta, Amma aveva ragione. Amma ha *sempre* ragione!

Amma dice di aver compreso la natura del proprio Sé, che è il Sé onnipervadente. Ognuno di noi è creato come una miniatura del macrocosmo, quindi, se riusciamo a capire noi stessi, possiamo capire ogni cosa. Ma noi non abbiamo ancora imparato a capirci; soltanto un Maestro perfetto come Amma può aiutarci a intraprendere questo processo di comprensione. Si dice che il Maestro diventi l'anello di collegamento tra noi e la Verità Assoluta. Ogni essere vivente possiede in sé i semi dell'illuminazione. Se scopriamo noi stessi, allora conosceremo ogni cosa.

Amma un giorno ci ha spiegato che il sole illumina ogni cosa; non c'è niente che il sole non possa raggiungere. Tuttavia, il sole non afferma di splendere dappertutto, ma svolge il proprio compito con umiltà. Allo stesso modo Amma, nella Sua umiltà, non dimostra mai apertamente di sapere tutto ma, attraverso le nostre esperienze con Lei, giungiamo a comprendere la Sua vera grandezza.

Un giorno, verso la fine di un programma in America, una signora si avvicinò a me mentre stavo lavorando alla boutique.

Aveva in mano un piatto con i cioccolatini che Amma dà come prasad alle persone che vanno al darshan. Siccome mi riteneva una persona responsabile, mi chiese se potevo dare un'occhiata ai cioccolatini per un po'. Essendo naturalmente sempre pronta ad aiutare, specialmente per compiti di questo tipo, acconsentii a tenere i cioccolatini.

Durante il darshan generalmente lavoravamo molte ore e a volte pranzavamo soltanto a pomeriggio inoltrato, per cui avevamo spesso fame. Con aria colpevole scartai un cioccolatino e me lo misi in bocca. Buon Dio, era delizioso, ma come fare a fermarmi lì? Ne scartai ancora uno o due e me li misi in bocca. All'improvviso il darshan terminò, e Amma si avviò per lasciare la sala. In tutti gli anni che Amma aveva viaggiato in tour, mai una volta aveva fatto visita alla boutique. Ma quel giorno sembra che fui io ad ispirarLa a venire.

Rimasi lì costernata mentre Amma, avvicinatasi a me, mi accarezzava il petto. Mi disse: "Figlia, sei così magra! Mangi?" Tutto quello che riuscii a mormorare fu "Mmm!", sperando di non avere nessuna sbavatura di cioccolato in faccia. Amma replicò: "Tutti gli altri sono ingrassati, ma tu hai un'aria così magra!" Non riuscii a pronunciare altro che il solito "Mmm!", mentre il cioccolatino mi si scioglieva in bocca. Allora Amma sorrise, mi accarezzò il petto ancora una volta e se ne andò.

Mi sentii imbarazzatissima. Amma sa sempre esattamente quando coglierci di sorpresa, per farci capire che non possiamo nasconderLe niente. Naturalmente questo episodio si è verificato tanti anni fa, e da allora mi sono corretta. Oggigiorno non si corre nessun rischio nell'affidarmi un piatto di cioccolatini – purché sia dopo pranzo!

Amma mi ha dato un assaggio della Sua onniscienza anche in un'altra occasione. Eravamo in Kuwait, e stavamo viaggiando in macchina alla fine di un programma. Amma aveva concesso a una delle figlie dell'autista di viaggiare con noi. La bambina aveva circa otto anni e non sembrava molto legata ad Amma rispetto alle sue due sorelle. In confronto a loro sembrava timida. L'avevo vista cantare per Amma quella sera, seduta sul retro del palco, ben lontana da dove Amma era seduta per il darshan.

Nella macchina, Amma si rannicchiò accanto alla bambina. Le baciò una mano e disse: "Questa sera hai cantato per Amma. Anche Amma tanto tempo fa cantava quella canzone". E a quel punto Amma incominciò a cantare proprio quel bhajan: "*Govinda Madhava, Gopala Keshava, Jaya Nanda Mukunda, Nanda Govinda, Radhe Gopala*".

Ero presente quando la bambina aveva cantato, e avevo visto che Amma non si era mai voltata a guardarla. Poiché tante bambine avevano cantato, mi chiesi come facesse Amma a ricordare la sua voce, visto che non era poi così diversa dalle altre. Si trattava semplicemente di un'altra piccola dimostrazione del divino affetto materno e dell'amore compassionevole di Amma, luminosi nel buio della notte.

Viaggiando con Amma, ho visto esauditi innumerevoli desideri. Amma ha l'incredibile abilità di conoscere i desideri più reconditi nel cuore di tutti. Un anno, durante un programma a Santa Fe, un devoto venne da me accompagnato da un suo amico, sordo fin dalla nascita. Quel giorno era stato da Amma per il darshan, ed era rimasto sbalordito nel *sentire* la voce di Amma nell'orecchio. Non riusciva a capire come una cosa simile fosse possibile. Io e il devoto ci sorridemmo, sapendo che questa era una delle tante meraviglie della grandezza di Amma.

Un'altra volta, una giovane donna dello Iowa mi raccontò che sua nonna si era recata al darshan con un terribile dolore cronico al collo, e ne aveva parlato ad Amma. Il mattino seguente restò sbalordita nel constatare che il dolore al collo era scomparso.

Una devota in India mi disse di aver sofferto per sette anni di terribili emicranie e di allergia al riso e alla frutta. Quando andò al darshan, Amma le diede da mangiare del riso. Da allora le emicranie e le allergie sono completamente scomparse e può mangiare normalmente. La donna sente di essere stata guarita dalla grazia di Amma.

Una volta Amma fece visita a un devoto ricoverato in ospedale per ustioni. Quando lo vide lì sdraiato, gli baciò le mani e i piedi e gli diede del prasad. In seguito l'uomo, piangendo, raccontò questa storia ad un altro devoto, spiegando che quel giorno era il suo compleanno, e che aveva sempre avuto il grande desiderio che Amma gli baciasse le mani. Fu profondamente commosso quando Amma lo realizzò.

Sebbene Amma abbia milioni di devoti al mondo, ha un rapporto speciale con ognuno di loro. Un anno, quando ci trovavamo a Monaco, Amma chiese informazioni su una donna anziana che in passato era venuta ai programmi ogni anno. Questa volta non l'aveva vista, e allora chiedeva a tutti noi se ci ricordavamo di lei o sapevamo dove fosse. Io non mi ricordavo affatto dell'anziana signora, e nemmeno gli altri. Ma Amma ci disse di scoprire cos'era successo alla donna, perché la Sua mente continuava a dirigersi verso di lei.

Questa signora anziana diceva spesso ad Amma di essere sola al mondo, di non avere nessuno eccetto Amma, e di non vedere l'ora ogni anno di venire ad incontrare Amma. Amma continuava a chiederci sue notizie, ma nessuno di noi era in grado di darLe delle informazioni. Amma disse che era nostro *dharma* scoprire cosa fosse successo alla signora. Infine venimmo a sapere che la signora era morta un mese prima. Sebbene nessuno di noi si rammentasse di lei, il ricordo della signora era rimasto fermamente impresso nel cuore di Amma.

Quando viaggiamo in vari Stati dell'India e in giro per il mondo, il satsang di Amma viene sempre tradotto nella lingua locale. È sorprendente osservare Amma che ascolta e corregge la traduzione del satsang, sebbene sia in un'altra lingua. Amma si accorge sempre di ogni singolo errore. Qualcuno una volta ha chiesto ad Amma se Lei capisca tutte le lingue oppure se legga semplicemente nella mente delle persone. Amma ha risposto che nonostante non conosca le lingue, la Sua mente Le comunica se qualcuno sta facendo un errore.

Amma possiede la conoscenza di ogni cosa, sebbene abbia frequentato la scuola solo fino alla quarta elementare. Per esempio conversa con scienziati nucleari, consigliandoli su vari aspetti del loro lavoro. Questi uomini hanno magari passato tutta la vita a studiare discipline complicate come la fisica nucleare, la matematica, la teoria della relatività e la meccanica quantistica; tuttavia Amma fa loro notare fatti che non avevano mai completamente afferrato o capito in tutti i loro anni di studio e lavoro nel campo. Sebbene la Sua istruzione scolare sia durata soltanto qualche anno, la Sua conoscenza si manifesta in modo chiaro e spontaneo. Quello che Amma è in grado di orchestrare in un qualsiasi momento è davvero miracoloso. Per esempio, immaginatevi semplicemente una domenica di Devi Bhava in India. Ci sono per lo meno dieci o quindicimila persone che vengono al darshan. All'inizio del Devi Bhava passo il prasad ad Amma, e quindi sono inginocchiata vicino a Lei. Gli altoparlanti suonano i bhajan ad un volume così alto che vibrano, e per farsi sentire bisogna urlare. Spesso riesco a metterLe in mano appena in tempo il prasad che Lei dà ad ogni persona. E riesco a malapena a fare una cosa sola, mentre Amma ne fa altre dieci contemporaneamente.

Riuscite ad immaginare una fila di venti bambini affamati che aspettano di essere gettati in braccio ad Amma per ricevere da Lei il primo cibo solido di riso zuccherato? Bambini piccolissimi, ma con polmoni potentissimi, che urlano e piangono tutti insieme, agitano convulsamente le loro braccine e si dimenano in braccio ad Amma. Amma cerca di infilar loro il riso in bocca, e contemporaneamente gli amministratori dell'AIMS seduti alla Sua destra Le fanno domande concernenti l'ospedale. I brahmachari che dirigono gli istituti di informatica e di ingegneria aspettano anche loro di fare delle domande. Contemporaneamente, un ragazzo sbuca da dietro cercando di attirare la Sua attenzione: *"Amme! Amme!"* – dando ad Amma dei colpettini sulla spalla – *"Amme! Amme!* Ho un dolorino al gomito sinistro. Guarda, Amma, guarda. Me lo tocchi per favore, Amma? Amma, toccalo! Amma, toccalo!"

Poi una persona su tre che viene al darshan dice: "Un mantra, Amma, voglio un mantra". Amma dà l'iniziazione al mantra alla Sua destra, sussurrandolo nell'orecchio dei devoti. E continua a rispondere a tutte le domande, voltandosi regolarmente verso il lato delle ragazze, per consolare qualcuna che piange e dice: "Amma non mi guarda mai, penso che non mi voglia più bene".

E il darshan prosegue, migliaia di persone all'ora. Un occidentale chiede: "Un nome, Amma, voglio un nome". Nel frattempo il ragazzo che si sporge da dietro, alla sua destra, dice: *"Amme! Amme!* Posso portarti qualcosa da bere, Amma? Posso portarti qualcosa da bere, Amma? Amma, il dolore mi è passato un po', ma magari potresti toccarmi di nuovo, giusto per assicurarci che non ritorni. E già che ci sei, perché non mi tocchi anche l'altro, solo per precauzione?" Amma gli deve accarezzare tutte e due le braccia prima che lui La lasci in pace.

Amma fa tutte queste cose contemporaneamente con piena concentrazione. Io cerco di fare una cosa sola e trovo già difficile questo.

Una volta, alla fine di un Devi Bhava, avevo una domanda importante da fare ad Amma per conto di qualcun altro. Amma aveva dato il darshan a quindicimila persone senza mai fermarsi ed era rimasta sveglia tutta la notte. Quando il Devi Bhava infine terminò, era ormai mattino inoltrato. Ero esausta per non aver dormito, ma Amma era ancora piena di energia. Andai nella Sua stanza e feci la mia domanda. Amma mi rispose e poi incominciò a parlare di altri argomenti. Finì col raccontarmi tutta la storia dell'India dall'antichità fino ai tempi odierni. È un'eccellente insegnante di storia. Le ci volle circa mezz'ora.

Durante la conversazione, risolse addirittura mentalmente delle equazioni matematiche. Disse: "Allora, se dividiamo 680.000 per 28, ricaviamo 24.285, e se poi lo moltiplichiamo per 18 arriviamo a 437.141... no, no, 437.142. Giusto, no?" Beh, a me girava la testa anche solo a cercare di starLe al passo. Non avrei mai neanche provato a fare queste operazioni senza calcolatrice, ma la mente di Amma è eccezionale.

In un'altra occasione, Amma mi chiese di calcolare la somma di varie cifre mentre eravamo in aereo. Non avevo una calcolatrice, e quindi finii per scrivere il tutto su un foglio e poi fare l'addizione di questa lunga lista di numeri. Mi ci vollero circa dieci minuti, e alla fine la feci vedere ad Amma. Lei la guardò per qualche secondo e disse: "Mi sembra che tu abbia fatto un piccolo errore di calcolo, qui". In una pagina piena i numeri, l'occhio Le andò subito sull'errore.

Una sera, mentre ci trovavamo in tour a Santa Fe, la mia camera da letto era accanto a quella di Amma. Nonostante ciò capitasse piuttosto di frequente, negli ultimi anni non avevo più avuto l'opportunità di dormire nella Sua stanza, come ogni tanto avveniva nei primi tempi. All'improvviso mi passò per la mente che sarebbe stato proprio bello sdraiarmi accanto a Lei e abbracciarLa. Quel pensiero mi stupì, perché generalmente sono felice di rimanere sullo sfondo e, al contrario della maggior parte delle persone, non desidero spesso trovarmi fisicamente vicina ad

Amma. Ma quella volta il pensiero mi attraversò rapido la mente e se ne andò, e mi coricai per dormire.

Qualche ora dopo, durante la notte, qualcuno venne a svegliarmi dicendo che Amma mi stava chiamando. Entrai nella stanza e Amma mi chiese di massaggiarLe le gambe. A causa dell'altitudine e del clima, nel New Mexico Amma passava spesso diverse notti senza dormire, proprio come in questa occasione. Io allora Le massaggiai le gambe, sperando che questo L'avrebbe aiutata a riposare. Dopo un po' Amma mi disse: "Amma riuscirà ad addormentarsi soltanto se ti sdrai vicino a Lei e L'abbracci". La cosa mi stupì incredibilmente, ma lo feci, e Amma si addormentò in fretta.

Con quale velocità Amma realizzò questo mio desiderio passeggero! Che cosa dire allora delle nostre preghiere sincere? Non sarà ancora più disposta ad esaudirle?

Non senti le grida del mio cuore angosciato?
Non vedi cadere le mie lacrime ardenti?
Il mondo ha perso la sua dolcezza.
Desidero soltanto bere
il nettare della Tua forma compassionevole.
Il mio cuore è lacerato da questo amore non corrisposto.
Aspetto qui con cuore tremante,
sapendo di non essere degna di offrirmi a Te.
Che cosa può fare quest'anima infelice?
Sto annegando in un oceano di sofferenza.

Capitolo 15

Vite trasformate

*"Anche la cosa più piccola che facciamo per gli altri
può causare una grande trasformazione nella società.
Magari non saremo in grado di percepire
immediatamente il cambiamento,
ma ogni buona azione ha senza dubbio le sue ricompense.
Persino un sorriso ha un valore immenso,
e un sorriso non ci costa niente!"*

Amma

C'era una volta un uomo che voleva cambiare il mondo. Pregava così: "O Signore, dammi l'energia per cambiare questo mondo". In seguito, molti anni dopo, ormai giunto alla mezza età, si rese conto di non avere abbastanza energia per cambiare il mondo. Non era più giovane e ribelle, e allora incominciò a pregare: "O Signore, dammi energia sufficiente per cambiare la mia famiglia". Ma i suoi familiari erano molto più giovani e forti di lui, e non erano interessati a cambiare. Allora l'uomo incominciò a pregare: "Dammi forza sufficiente per cambiare me stesso", e soltanto a quel punto raggiunse l'appagamento. Se cambiamo noi stessi, da lì scaturirà tutto il resto.

Tutti i grandi Maestri spirituali dicono che la felicità non si trova nel mondo esteriore, ma dentro di noi. I Mahatma non vengono per cambiare il mondo, ma per ispirarci a creare un cambiamento dentro di noi. Essi non faranno tutto il lavoro al nostro posto, ma saranno il catalizzatore e l'ispirazione che ci permetteranno di trasformarci.

Per essere più spirituali possiamo cercare di mutare ogni singola cosa esteriore, possiamo cambiare nome, trasferirci in un paese straniero, mangiare del cibo diverso, o metterci un orecchino al naso uguale a quello di Amma. Possiamo cambiare queste cose esteriori, ma se la nostra mente rimane la stessa, tutti i nostri problemi ci seguiranno ovunque andiamo. Le nostre paure e ansie resteranno sempre le stesse. Le situazioni esteriori possono essere cambiate, ma soltanto un grande Maestro come Amma può rimuovere le paure e le ansie dalla nostra vita, operando un cambiamento nel nostro cuore. Amma ci trasforma dall'interno, aiutandoci a realizzare la verità della nostra Natura Divina.

Una devota un giorno mi ha raccontato di aver smesso di comprare sari dopo aver incontrato Amma. Adesso mette da parte tutti i soldi che era solita spendere per i sari nuovi e li dà ad Amma, perché vengano usati per i poveri; Amma l'ha ispirata a vivere con maggiore semplicità.

Una signora di Mysore mi ha confidato che dopo aver imparato la tecnica di meditazione IAM di Amma, la sua vita è decisamente migliorata. Vedova con tre figli, questa donna fa le pulizie in una delle scuole di Amma, lavorando sodo per dodici ore al giorno. Mi ha detto che prima di imparare la tecnica soffriva di dolori, asma e affaticamento. Da quando ha incominciato a praticare la IAM con regolarità, tutti questi sintomi sono scomparsi. Dice che continua ad essere consapevole di tutti i problemi che ha, ma che non vi presta più troppa attenzione e non si preoccupa più così tanto. Adesso affida i suoi problemi ad Amma. La sua vita si è riempita di pace.

In tutto il mondo la maggior parte della gente è davvero infelice. I giovani crescono senza sapere verso cosa rivolgersi per trovare la pace e l'appagamento. Ma i bambini che crescono conoscendo Amma imparano a coltivare buone qualità fin dall'inizio, proprio come un bambino francese di sette anni che è venuto in tour in India con sua mamma. Di solito leggeva dei libri o si divertiva in qualche modo. Durante un programma a Mysore fui sorpresa nel vederlo tra la folla mentre serviva acqua ai devoti. Andava in giro con un bicchiere e una brocca, passando felice tra le varie file ad offrire dell'acqua ai devoti assetati, proprio come altri volontari adulti a cui era stato assegnato questo seva. Grazie all'influsso della vicinanza di Amma e dei devoti, nella sua giovane mente si stava formando il desiderio di servire gli altri.

Molte persone arrivano da Amma senza aver mai capito il significato della vita o il motivo della propria esistenza. Attraverso il contatto con Amma, i loro valori e desideri vengono rimodellati, ed esse ricevono in dono un'esistenza piena di significato e felicità.

Mentre ci trovavamo a Monaco – il programma si teneva in un'area famosa per il consumo di birra – un ubriaco che stava passando di lì entrò per caso nella sala. Non riusciva a capire bene cosa stesse succedendo, ma Amma gli diede il darshan mentre stava lasciando la sala, alla fine del programma, e fu davvero incantevole con lui. La sera dopo l'uomo ritornò, ben curato e sobrio, ansioso di sperimentare un'altra dose dell'Amore Divino di Amma, un cocktail ben più forte di tutti quelli che aveva provato fino ad allora. Ormai non si perde neanche un programma di Amma in Germania, e a volte viene anche per qualche mese all'ashram in India.

Per alcune persone andare a trovare Amma in India è difficile. Il clima, il caldo, il cibo e la folla sono un fardello pesante; la lingua, gli usi e i costumi sconosciuti sono difficili da comprendere. Ma sono disposte ad affrontare qualsiasi avversità per assaporare ancora una volta l'amore incondizionato di Amma.

Un uomo italiano di ottant'anni partecipò per molti anni ai tour del nord India, dicendo di trovarli veramente tonificanti. Nonostante gli estenuanti viaggi in pullman e i lunghi programmi, diceva di trarre molta energia dai tour. C'erano alcune persone più giovani di lui che consideravano i tour molto stancanti, ma lui si era così abbandonato alle situazioni che incontrava che era in grado di trovare gioia ed entusiasmo praticamente in ogni circostanza.

Alcune persone possono fraintendere il significato dell'abbandono nella vita spirituale. Possono pensare che implichi debolezza e una cieca aderenza a ordini o regole. Ma nessuno sta cercando di renderci schiavi. In verità, siamo già schiavi dei nostri attaccamenti, che sono causa di grandi sofferenze. Se riusciamo a imparare ad abbandonare i nostri attaccamenti, Amma ci guiderà passo dopo passo fino alla libertà. Per molti, il primo passo consiste nell'imparare l'arte del lasciar andare, l'arte del mollare la nostra presa egocentrica e abbandonare gradualmente gli attaccamenti e le aspettative. Per sradicare l'egoismo che ci rende schiavi, dobbiamo impegnarci a sviluppare le qualità dell'amore e della compassione che Amma incarna. Amma sta cercando di mostrarci come fare ad essere liberi, veramente liberi. Questa è una cosa molto difficile da realizzare da soli, ma con la grazia di Amma tutto è possibile.

Quando noi, comuni esseri umani, ci guardiamo l'un l'altro, tendiamo a vedere soltanto la bruttezza dell'ego dell'altra persona, ma grandi santi come Amma ci guardano e vedono soltanto la divinità che risiede in noi. Vedono dentro di noi la purezza e la magnificenza della nostra anima, la perfezione e il potenziale divino non ancora sfruttato. Noi magari ci guardiamo e vediamo soltanto delle pietre, ma Amma ci vede come piccoli diamanti. Proprio come i diamanti hanno bisogno di essere levigati per

eliminare le irregolarità, anche noi dobbiamo sottoporci ad un processo di levigatura.

È compito di Amma portare a termine questo processo. Lei dice che in realtà non deve fare niente, Le basta metterci tutti insieme e il processo si verifica automaticamente. Pare proprio che abbiamo tutti i nostri piccoli modi di sfregarci l'uno contro l'altro e di produrre attrito: basta questo per levigarci ed eliminare le nostre punte acuminate. Ad Amma basta premere un pulsante per dare il via al procedimento. E Amma sa sempre premere i pulsanti giusti!

Forse spesso non siamo in grado di percepire cambiamenti in noi, ma gli altri riescono a vedere delle differenze. Quando camminiamo lungo la spiaggia, se teniamo la testa bassa non ci rendiamo conto di quanta strada abbiamo fatto finché non arriviamo alla fine. E allora, voltandoci, è difficile credere che abbiamo percorso una distanza così grande. In modo simile dobbiamo sforzarci di cambiare, anche se non siamo in grado di vedere immediatamente il risultato degli sforzi precedenti.

La vita di alcune persone si trasforma immediatamente dopo l'incontro con Amma. Altri devoti, nel corso degli anni, decidono di rinunciare lentamente alle cose materiali verso cui provano attaccamento. Alcuni fanno ritorno a casa dopo esser stati all'ashram in India e si rendono conto che le cose che un tempo li appagavano non li soddisfano più. A volte smettono di andare al cinema o di bere. Le loro compagnie migliorano ed essi trascorrono più tempo con altri devoti che partecipano ai satsang.

Molti all'inizio sono profondamente commossi dal darshan di Amma, che dà il via al processo del loro cambiamento. Una signora ha raccontato che col passare degli anni si sente più a suo agio con se stessa e va più d'accordo con gli altri. Lentamente si è orientata sempre più verso il servizio, rendendosi conto che, a parte il darshan di Amma, l'altra occasione in cui si sente più vicina a Dio è quando svolge del servizio altruistico. Sebbene i cambiamenti siano stati lenti, sente che si sta senz'altro dirigendo verso una vita più spirituale.

Questo lento processo di apertura spirituale è più duraturo rispetto ad un cambiamento repentino. Quando le persone avanzano troppo in fretta, tendono poi a tornare al loro stile di vita precedente, perché le vasana sono troppo forti e profonde per poter essere eliminate all'improvviso. Uno sciacallo potrà essere determinato a non ululare più alla luna, e ci potrà anche riuscire per un mese intero, ma solo finché non torna la luna piena!

Sono migliaia le persone che hanno incontrato Amma, hanno fatto esperienza del Suo Amore Divino e hanno maturato una nuova prospettiva. La loro vita è stata davvero trasformata. Nel villaggio in cui Amma è cresciuta, i primi tempi molti abitanti erano ostili all'ashram, ma oggi ne sono forti sostenitori. Persino i cognati di Amma inizialmente erano maldisposti nei confronti dell'ashram. Tuttavia, dopo aver sposato le sorelle di Amma, sono diventati dei ferventi devoti.

Una signora svizzera ha raccontato la commovente esperienza del suo primo incontro con Amma. Soffriva di una grave depressione mentale, ed era infine stata ricoverata in un ospedale psichiatrico. L'anno dopo incontrò Amma e andò da Lei con una lunga lista di domande, sperando che la guarisse della sua malattia. Amma le disse soltanto di meditare dieci minuti al giorno. La donna non riteneva di averne la forza. Tre mesi dopo lasciò l'ospedale, ma senza troppe speranze di riuscire a vincere la malattia.

Sebbene le fosse chiaro che Amma era un Mahatma, pensava che nemmeno Amma sarebbe riuscita ad aiutarla a superare la sua terribile depressione. Si sentiva condannata, come in prigione, senza via d'uscita. Sua sorella una volta chiese ad Amma cosa poteva fare per aiutarla. Amma replicò: "Di' a tua sorella che è sotto la protezione di Amma".

Nonostante la malattia, la donna incominciò insieme alla madre novantenne a plastificare fotografie e adesivi che sarebbero stati messi in vendita nella boutique durante i programmi di Amma. Gradualmente incominciò a provare un certo appagamento al pensiero di poter essere utile attraverso questo servizio altruistico.

L'anno seguente, quando Amma arrivò in città per il tour, la signora si unì a Lei per una passeggiata nel terreno circostante la casa della sorella, dove Amma era ospite. Durante la passeggiata, Amma si sedette su un ponticello di legno per meditare, e la donna si sedette con gli altri sulla riva del fiume. Ascoltando il gorgoglio del fiume, all'improvviso sentì il pesante fardello che portava sempre sulle spalle scorrere via con l'acqua. Quella notte, al termine del programma serale, ebbe un'altra profonda rivelazione. Amma le passò vicino salendo le scale e le toccò una mano. Attraverso il tocco fisico di Amma, in una frazione di secondo capì che *Amma è la Verità*. Interiormente, si sentì accettata da Dio, senza il minimo dubbio, e non condannata come aveva sempre pensato.

La signora era convinta che Amma avesse lavorato su di lei dall'interno. Forse erano state le azioni altruistiche ad attirare la grazia responsabile della guarigione. Con la grazia di Amma, la donna è riuscita a interrompere l'assunzione di antidepressivi, ed è convinta che la tecnica di meditazione IAM di Amma la aiuti a mantenere un equilibrio interiore. Si è liberata della depressione che aveva riempito di oscurità così tanti anni della sua vita. È come se fosse rinata.

Quando arriviamo alla presenza di Amma e cominciamo a desiderare intensamente di fonderci in Lei, inizia a venire in superficie tutto ciò che abbiamo dentro che non è in armonia con il Suo Amore Divino e con una perfetta purezza. A quel punto può essere sradicato o trasformato in qualcosa di migliore. Soltanto quando diventiamo consapevoli delle nostre debolezze possiamo incominciare a darci da fare per trasformarle.

Amma ha dato a tutti noi un nuovo inizio. Donandoci una nuova comprensione di quale sia davvero lo scopo della vita, attraverso la forza del Suo amore Amma ha fatto nascere in noi la visione di una vita ricca di significato ovunque ci troviamo nel mondo. Amma offre la Sua vita come il perfetto esempio delle buone qualità che dobbiamo cercare di assorbire ed emulare. Ispira molti milioni di persone nel mondo ad aiutare, amare e servire l'umanità.

I cambiamenti che si verificano nelle persone sono come il bruco che fila il bozzolo: vi rimane rinchiuso dentro per un po', e poi se ne libera uscendo nella forma di una colorata farfalla che diffonde meraviglia e bellezza per il mondo. Amma opera questa metamorfosi, trasformando i Suoi figli in meravigliose farfalle. Il bozzolo dell'amore di Amma che avvolge ognuno di noi ci nutre e crea in noi una magica trasformazione. A quel punto siamo lasciati liberi nel mondo, per accrescere la bellezza della Sua creazione.

Riuscite ad immaginare la delizia sul volto di Amma mentre osserva le Sue farfalle svolazzarLe attorno, mentre il Suo sari bianco ondeggia dolcemente nella brezza? Con un sorriso e una risata, si diletta nella gioia di aver creato farfalle così belle, capaci di scacciare le sofferenze del mondo e di aggiungere un nuovo squisito tocco alla Sua opera.

Quanto desidero ammirare la Tua forma leggiadra,
ma quando i miei occhi impuri si posano su di Te
devo abbassare lo sguardo.
I Tuoi occhi di loto
colmi di amore e compassione
sciolgono il mio malvagio cuore.
Il mio sogno di Te
è tutto ciò a cui mi posso aggrappare.
Così vicina,
eppur così lontana.

Capitolo 16

La ricostruzione di anime, menti e corpi

*"C'è sempre un messaggio divino nascosto
nelle esperienze apparentemente negative che attraversiamo.
Dobbiamo solo penetrare al di sotto
della superficie di una situazione
perché ce ne sia rivelato il messaggio.
Ma noi di solito rimaniamo in superficie".*

Amma

L'hanno definita *Black Sunday*, la domenica nera, il giorno dopo il Natale del 2004, quando lo tsunami ha colpito il sud-est asiatico e l'India. Le vite sono cambiate. E non saranno mai più le stesse. Si possono ricostruire le case, ma come si fa a ricostruire le vite? Quando si è vista la vita estinguersi sotto i propri occhi impotenti, come si fa a essere ancora quelli di prima?

Migliaia di persone dei villaggi costieri hanno perso la vita. Un numero molto più elevato ha perso la casa. Anzi, nell'improvviso maremoto che ha scosso la costa ha perso tutto. Prima della tragedia la maggior parte degli abitanti dell'area nei pressi dell'ashram possedeva ben poco; dopo lo tsunami non aveva più niente. Nei villaggi molti genitori hanno perso i figli. Avevano cercato di tenerli stretti a sé con tutte le loro forze quando il mare era traboccato, ma il flusso dell'acqua era troppo impetuoso. I bambini sono stati spazzati via. Come torni ad affrontare il mondo quando i figli ti sono stati letteralmente strappati dalle braccia?

Abbiamo ascoltato racconti di persone che hanno visto impotenti uno o più membri della loro famiglia annegare. Un uomo stava sorreggendo il padre, ma poi ha perso la presa, e non ha potuto fare altro che guardarlo sprofondare davanti ai suoi occhi. Quest'uomo non sarà mai più lo stesso. Alcune donne dicono di non riuscire a dormire la notte, perché non appena si coricano rivivono come in un film le scene dell'inondazione, mentre la testa scoppia per l'emicrania. Ci sono tantissimi racconti strazianti di lutti, e tutta la comunità soffre di questo dolore diffuso, non soltanto qui in India ma anche in altri paesi.

Durante il tour estivo del 2003, Amma ammonì che nel 2005 avrebbero potuto verificarsi enormi catastrofi in tutto il mondo, e disse che l'unica cosa che potevamo fare era pregare. Proprio il giorno prima, l'astrologo dell'ashram mi aveva confidato che il 26 dicembre 2004 segnava l'inizio di un brutto periodo. Nessuno di noi si rendeva conto che definirlo un brutto periodo era dir poco o niente. Durante il programma del mattino del giorno dello tsunami, Amma aveva l'inquietante sensazione che stesse per succedere qualcosa di brutto, e cercava freneticamente di finire il darshan più in fretta possibile. Un brahmachari Le aveva riferito uno strano fenomeno: le acque dell'oceano si erano ritratte. Amma sapeva che ciò che si era allontanato sarebbe ritornato, e quindi raccomandò che tutti gli automezzi parcheggiati vicino alla spiaggia venissero spostati nell'entroterra. Tra veicoli dell'ashram, pullman e macchine di devoti, i mezzi erano circa duecento, e si sono tutti salvati grazie all'accortezza di Amma. Amma aveva anche dato istruzioni che tutto ciò che si trovava al piano terra dell'edificio Ayurveda, situato proprio sulla spiaggia, venisse trasferito ai piani superiori.

Non appena Amma venne informata dell'acqua che saliva proprio davanti alle mura dell'ashram, incominciò a dare disposizioni su come affrontare il pericolo. Disse di staccare la corrente e di comunicare al paese vicino di spegnere il trasformatore che fornisce elettricità a tutta l'isola, per evitare casi di elettrocuzione. Poco dopo, un flusso torrenziale irruppe nell'ashram. L'acqua arrivava fino alla vita, e molto più in alto in vari punti. Quando il livello incominciò ad abbassarsi, Amma scese nell'acqua sporca dell'inondazione, ispezionò la situazione e incominciò a dirigere l'evacuazione dei visitatori, dei residenti e della gente del luogo che si era rifugiata all'ashram.

L'AICT (Istituto Amrita di Tecnologia Computeristica) e la Scuola di Ingegneria Amrita, situati dall'altra parte del canale, diventarono il rifugio di migliaia di persone, molte delle quali avevano perso la casa. La Scuola di Ayurveda appena costruita divenne il punto d'incontro per gli abitanti dei villaggi i cui familiari erano dispersi, e un ospedale per i malati e i feriti. Inoltre, tutte le scuole di Amma si trasformarono in rifugi di emergenza. Amma si assicurò che alle migliaia di persone colpite venisse dato da mangiare, e organizzò una distribuzione di capi di abbigliamento per gli abitanti dei villaggi che avevano perso ogni cosa. Amma fece visita ai devoti locali per consolarli e confortarli in questa perdita irreparabile.

Garantì nei minimi dettagli sicurezza e protezione ai Suoi figli, inclusi quelli del regno animale. Dopo aver completato l'evacuazione dell'ashram, Amma dichiarò che non se ne sarebbe andata finché gli elefanti e le mucche non fossero stati portati in salvo. Per sicurezza, nell'eventualità che le acque salissero di nuovo, ordinò che gli animali fossero trasferiti nell'edificio del tempio, che incominciava a ricordare l'Arca di Noè! Solo dopo la mezzanotte, quando le mucche erano state messe al sicuro nell'edificio

del tempio e gli elefanti condotti lontano nell'entroterra, Amma lasciò l'ashram.

Quando Amma raggiunse l'altro lato del canale ci accorgemmo che aveva le labbra arse. Aveva rifiutato di bere anche una sola goccia d'acqua per tutto il giorno. Come faceva a bere quando avevano perso la vita così tante persone? Nei giorni seguenti alla devastazione, Amma camminò scalza. Dal momento in cui lasciò l'ashram e attraversò il canale, e anche quando visitò i rifugi allestiti negli istituti, si rifiutò di indossare i sandali. Era come se avesse preso la decisione di andare scalza nel mezzo di tanta sofferenza.

Fino al mattino seguente, Amma continuò instancabile a raccontare gli avvenimenti dello tsunami a tutti i devoti che telefonavano in preda alla preoccupazione. Una brahmacharini che vive in una scuola di Amma in un altro Stato dell'India, disse che la sua mente si calmò soltanto dopo che Amma le raccontò tutti i dettagli. Amma lo sapeva, ed è questa la ragione per cui si sforzò di calmare e rassicurare tutti quelli che si preoccupavano per noi. Anche per telefono, Amma cercava di consolare gli altri e dar loro conforto.

Durante l'evacuazione, i devoti dimostrarono di aver assorbito gli insegnamenti di Amma sul non-attaccamento e sulla rinuncia. In quel momento, la maggior parte dei visitatori e dei residenti non aveva con sé altro che i vestiti che indossava. Non una stuoia su cui sdraiarsi, non uno scialle per coprirsi la notte, nemmeno uno spazzolino da denti. Ma tutti riuscirono ad adattarsi, anche senza essere circondati dai propri oggetti personali. Pensando con tristezza a tutti coloro che avevano perso ogni cosa, fu più facile sentirsi grati per i vestiti che si indossavano e per avere un posto sicuro e asciutto in cui dormire.

In tutto il mondo, in risposta alla sofferenza di così tante persone, molti aprirono il proprio cuore. Il corpo, la mente e l'anima di Amma si straziavano per queste persone. Ella fu in grado di offrire non soltanto sostegno economico e fisico, ma anche una consolazione al loro cuore e alla loro anima. Amma chiese a tutti di unirsi nell'offrire preghiere sia per i vivi sia per coloro che avevano lasciato questa terra nella tragedia.

Una signora di Madras ci raccontò una storia. Disse di aver visto in televisione una donna povera e suo figlio, affamati, in attesa della distribuzione di cibo. Quando infine arrivò il camion degli aiuti, venne dato loro del cibo impacchettato. Dallo sguardo sul volto della donna si capiva che dal pacchetto proveniva un odore ripugnante. Nonostante fossero terribilmente affamati, dopo aver annusato il cibo non furono in grado di mangiarlo. Allora, con riluttanza, la donna e il figlio misero il pacchetto ai piedi di un albero. Passò di lì un cane, che lo annusò – ma anche il cane si rifiutò di mangiarlo. Il deterioramento degli alimenti si verifica spesso quando il cibo viene impacchettato prima che si raffreddi.

Diversi enti di soccorso stavano cercando di prestare aiuto, ma purtroppo non godevano della supervisione di qualcuno come Amma, che con amore si assicurò che il cibo non fosse impacchettato, ma venisse servito appena preparato e ancora bollente in recipienti provenienti direttamente dalle cucine. Era consapevole della tristezza della gente, e fece di tutto per assicurarsi che le venisse cucinato il tipo di riso e di verdure che preferiva.

Soltanto Amma conosce davvero i sentimenti più intimi di chi soffre. Noi spesso pensiamo di offrire agli altri parole di consolazione, ma questo non ha necessariamente un effetto significativo su di loro. Ma un tocco pieno di premura di Amma, anche senza parole, o una lacrima silenziosa versata mentre li tiene tra le braccia, basta a dissipare un po' della loro sofferenza.

Amma era così sconvolta al pensiero delle condizioni della gente che aveva perso tutto che una notte, con le brahmacharini, passò ore a cucire delle sottogonne per le donne dei villaggi. In seguito ha donato alle donne delle macchine da cucire e offerto loro dei corsi di taglio e cucito perché possano diventare sarte e riuscire a mantenersi.

Sebbene l'ashram non avesse subito alcun danno alle strutture, fango e acqua putrida avevano allagato tutti gli uffici e i magazzini al piano terra. Tutti si diedero da fare con grande amore, entusiasmo e devozione per recuperare il possibile. Pulimmo ogni area, con grande fatica, ma felici di lavorare in questo momento di bisogno.

Tutti i residenti e i visitatori dell'ashram parteciparono anche alle opere di soccorso agli abitanti dei villaggi. Un signore tedesco di età avanzata che lavorava di continuo in cucina disse: "La mia unica preghiera è di poter far qualcosa di utile per gli altri. Mi spiace essere vecchio, perché altrimenti avrei potuto aiutare di più". I devoti indiani inviarono autocarri pieni di capi di abbigliamento da donare alle persone che avevano perso la casa. Per giorni interi le donne lavorarono per smistare e piegare le montagne di vestiti.

Quattro giorni dopo aver deciso di trasferire i profughi dello tsunami, gli alloggi temporanei costruiti dall'ashram erano quasi del tutto pronti. I residenti e altri collaboratori lavorarono letteralmente giorno e notte cercando di portare a termine questi rifugi. Il brahmachari responsabile della costruzione dei rifugi lavorava senza sosta. Amma durante la notte gli telefonava ogni due ore per controllare come andavano le cose. E ogni notte lui era sempre lì, rinunciando a dormire per cercare di completare questi edifici così necessari. In cinque giorni l'ashram completò nove rifugi.

È difficile descrivere l'amore con cui i devoti di Amma lavorano. L'atteggiamento con cui compiono le loro azioni è qualcosa che soltanto un altro devoto riesce davvero a capire. Le persone che sono alla ricerca soltanto di piaceri materiali non conosceranno mai il tipo di amore con cui questi volontari svolgono il loro lavoro.

Dopo lo tsunami, per mesi Amma ha continuato a fornire a quasi 27.000 persone tre pasti al giorno, sia in Kerala che in Tamil Nadu. Ha insistito che i profughi mangiassero per primi, e che i residenti dell'ashram mangiassero soltanto in seguito, nel vero spirito di dare la precedenza agli altri.

I villaggi costieri del Kerala non saranno mai più gli stessi, ma hanno la grazia della vicinanza di Amma, che li protegge e li aiuta come può. Quando un reporter ha chiesto ad Amma come faceva a stanziare aiuti per 23 milioni di dollari per le opere di soccorso nell'India del sud, Amma ha risposto: "I residenti dell'ashram lavorano ogni giorno, senza tregua, e non ricevono uno stipendio per il loro lavoro. Realizzano le opere edili, guidano i mezzi e azionano le gru. Non esistono imprenditori. Tutto il necessario – mattoni, finestre, porte e mobili – è prodotto e costruito dai nostri brahmachari. Facciamo noi tutto il lavoro elettrico, idraulico ed edile. Quest'opera di costruzione non è niente di nuovo per noi. Da anni stiamo fornendo case gratuite ai poveri in quarantasette località in tutta l'India".

Amma ha continuato dicendo che è soltanto grazie al lavoro altruistico dei devoti che è riuscita a portare a termine così tante imprese. Amma non afferma di essere Lei a fare le cose. Non l'ha mai fatto. Fin dall'inizio, dal Suo primo miracolo, ha detto che tutto viene svolto dagli altri. Ecco la Sua umiltà!

Dopo l'inondazione, alcuni uomini del Gujarat scesero in Kerala ad aiutare nelle opere di soccorso. Avevano raccolto riso e altri generi di prima necessità per le vittime, ma tristemente scoprirono che affittare un camion per trasportare tutte queste cose in Kerala sarebbe costato più del valore della merce. Allora donarono a nome di Amma tutta la merce al governo locale, e decisero di recarsi all'ashram per prestare aiuto. Dissero ad Amma: "Tu ci hai aiutato quando avevamo bisogno, e adesso che il villaggio di Amma è stato distrutto, vogliamo aiutarTi a ricostruirlo".

Amma fu profondamente commossa dal loro gesto sincero, e li inviò al cantiere edile perché aiutassero nella costruzione degli alloggi temporanei.

Quando si è verificato lo tsunami c'erano oltre 15.000 persone all'ashram, che si trova proprio sulla costa; ma per grazia di Amma, non c'è stato nemmeno un ferito. Sebbene lo tsunami abbia fatto centinaia di migliaia di vittime, molte persone sono sopravvissute e la loro storia rivela che è stata soltanto la grazia a salvarle.

Una bambina inglese era in vacanza con la sua famiglia in Tailandia, e ha salvato centinaia di persone. A scuola aveva appena studiato gli tsunami e, guardando l'oceano ritrarsi, ha capito che dopo circa dieci minuti un'onda violenta avrebbe colpito la costa. L'ha detto alla mamma e tutta la zona è stata evacuata. Innumerevoli vite sono state risparmiate grazie a una bambina.

Un bambino indonesiano di cinque anni stava giocando a casa sua quando lo tsunami lo ha spazzato via, trasportandolo al largo, nell'oceano. È sopravvissuto per due giorni galleggiando su un materasso. Ha detto di non aver avuto paura, perché era abituato a giocare nell'acqua, ma di aver avuto tanto freddo. Infine dei pescatori l'hanno portato in salvo, ma in verità è stata soltanto la grazia a salvarlo.

Un uomo delle Isole Nicobare travolto dalla furia dell'onda, dopo essere stato scaraventato sulla terraferma, si è reso conto di essere l'unico sopravvissuto dell'isola. Ha resistito venticinque giorni nutrendosi di noci di cocco, finché l'esercito non lo ha tratto in salvo. Su altre isole delle persone sono sopravvissute allo stesso modo per oltre quarantacinque giorni.

Niente succede per caso. Quando si verificano delle calamità naturali, o tragedie come il crollo delle torri del World Trade Center, è il destino ad attirare le persone in quel luogo proprio in quel momento, se il karma stabilisce che è arrivata l'ora di lasciare il corpo. Il corpo può perire, ma l'Atman rimane indistruttibile per l'eternità.

Un giornalista ha chiesto ad Amma se lo tsunami fosse un messaggio di Madre Natura. Amma ha risposto che la natura ci sta dicendo che non dovremmo sfruttarla. Ma, anche dopo così poco tempo da una tragedia simile, tutti fanno finta di dormire, il che dimostra che non abbiamo imparato la lezione. Questa è la ragione per cui forse si verificheranno altre tragedie, perché non stiamo imparando la lezione che Madre Natura cerca di insegnarci.

Amma dice: "Ciò che stiamo vivendo oggi è il risultato delle nostre azioni passate. Compiendo delle azioni corrette nel presente possiamo aprire la strada ad un domani migliore. È inutile rimuginare sul passato, ma possiamo cercare di condividere il dolore dei sopravvissuti. Dobbiamo accendere la lampada dell'amore nel nostro cuore e tendere le nostri mani in aiuto di tutti coloro che attorno a noi stanno soffrendo".

Questo pesciolino una volta nuotava nel mare dell'illusione.
Le onde del dolore infuriavano senza fine
nelle profonde acque cupe,
ma Tu hai offerto un riparo
nel mezzo dei mari in tempesta –
una grotta, la Tua dimora,
in cui l'infelicità non poteva entrare,
un rifugio per noi, anime sole e perse.
Con gioia cercavo la Tua protezione
e Tu mi hai fatta entrare,
colma di amorevole compassione.
Non desidero più nuotare in quel mare di illusione,
adesso che so che il Tuo dolce e calmo rifugio
è sempre in attesa.

Capitolo 17

La nostra forza interiore

"Amore e bellezza sono dentro di voi.
Cercate di esprimerli attraverso le vostre azioni
e toccherete senz'altro la sorgente della beatitudine".

Amma

Circa quindici anni fa si verificò un episodio che mi è rimasto fortemente impresso nella memoria. Amma era in una stanza con alcuni di noi. Si voltò verso di me e incominciò a cantare alcuni versi di una canzone. Alcuni dei brahmachari presenti si voltarono per vedere per chi Amma stesse cantando. Poiché una metà di loro sorrideva e l'altra metà aveva un'aria triste, ero molto curiosa di conoscere il significato del canto, e così lo chiesi a qualcuno.

La traduzione più o meno suona così: "Poiché sei nata donna, è tuo destino piangere". Non me lo sono più dimenticato. Soffrire è stato il destino di tutte le donne della storia, fin dall'inizio della creazione, per mano degli altri o a causa delle condizioni della propria mente. Amma conosce bene il dolore e l'angoscia che le donne hanno dovuto patire, e ha deciso che la sofferenza che le donne provano da tempo immemorabile può bastare. Per riuscire a superare questa sofferenza, dobbiamo scoprire la forza intrinseca al nostro sé spirituale, che ci permetterà di incarnare pienamente la nostra natura divina interiore.

Nel corso degli anni, Amma è stata invitata a diverse conferenze. Imporre insegnamenti agli altri non è nello stile di Amma – Lei dice che la conoscenza glieLa si deve estorcere. E così, per volere del destino, Amma è stata invitata all'"Iniziativa per la pace nel mondo delle donne leader spirituali e religiose" al Palazzo delle Nazioni Unite di Ginevra nel 2002. Il Suo discorso, *Il risveglio della maternità universale*, affondava le radici nell'esperienza personale di Amma, quella di essere cresciuta in una società oppressiva. Ha incoraggiato le donne a coltivare e risvegliare le qualità interiori di compassione, pazienza e comprensione latenti in ognuna di loro. Ha fatto appello alle donne, incitandole a risvegliarsi e ad agire per eliminare la sofferenza che è stata data loro in eredità nel corso della storia.

Amma è cresciuta in un ambiente in cui vigevano molte regole severe e rigide per le ragazze, ma non ha mai permesso a questi usi oppressivi di limitarLa. La madre di Amma era solita dirLe che la terra non dovrebbe nemmeno percepire i passi di una ragazza, né i muri sentirla parlare. Quando la Sua famiglia aveva ospiti, le ragazze erano obbligate a rimanere nelle loro camere, perché i visitatori non dovevano né vederle né sentirle. Sebbene fosse più alta di Suo fratello minore, Amma doveva alzarsi in piedi ogni volta che lui entrava in una stanza.

Nonostante questa educazione così opprimente, la forza interiore di Amma non è mai diminuita. In verità le difficoltà L'hanno rafforzata e aiutata a sviluppare una più profonda compassione e una più acuta comprensione per il modo in cui vive la maggior parte delle donne. Nonostante le punizioni che ricevette dalla famiglia, Amma si mantenne salda nell'impegno di cercare di aiutare le persone che avevano bisogno. Col tempo, la famiglia si rese conto che la forza interiore di Amma non poteva accettare compromessi; era una luce splendente che rifiutava di essere affievolita, e che illuminava le persone attorno a Lei, alleviando le loro sofferenze.

Quando Amma a Ginevra ha parlato delle qualità materne, non ha elaborato un concetto teorico. Lei esprime queste qualità in ogni attimo della Sua vita. Fin da bambina faceva da madre alla propria famiglia e ai vicini. Coloro che La incontrano per la prima volta non riescono a capacitarsi dell'effetto toccante che Amma su di loro, e sono in molti a scoppiare semplicemente a piangere. Tale è il potere dell'Amore Divino di Amma. Amma, che ha studiato solo fino alla quarta elementare, ha raggiunto l'inimmaginabile rimanendo semplicemente centrata sul "Potere della Maternità".

Una volta in America un signore si mise a criticare alcune affermazioni del discorso di Amma. Disse che Amma proveniva da un piccolo villaggio, e che nell'India del nord, da dove veniva lui, sono le donne i capifamiglia.

Amma si voltò verso di lui e con enfasi dichiarò: "Pensi che Amma sia una ranocchia in una pozzanghera? Amma è una grossa rana nell'oceano!" Continuò spiegando che parlava per esperienza, dopo aver incontrato negli ultimi trent'anni oltre trenta milioni di persone, metà delle quali donne, aver asciugato le loro lacrime di dolore e cercato di consolarle.

È davvero un miracolo che Amma stia trasformando innumerevoli vite grazie al potere delle qualità materne. Sta dimostrando al mondo intero che la cosa funziona, e che se uomini e donne lavorano insieme, non solo possono riportare l'armonia nella società, ma anche riscoprire la loro autentica identità di esseri umani. Quando realizziamo il nostro pieno potenziale, ci scopriamo capaci di molto di più di quanto ci saremmo mai immaginati. L'amore inesauribile che Amma ha per noi ci ispira a trovare la forza di trascendere i nostri limiti e incominciare a vivere la nostra vita in modo più altruista.

Amma conosce le nostre capacità. Vuole donne in grado di fare tutto da sole. A livello pratico, vuole che diventiamo forti e autosufficienti in tutti i campi.

Nell'ashram, Amma ha chiesto alle donne di subentrare alla guida di dipartimenti generalmente affidati agli uomini, come quello degli acquisti e della contabilità. Nelle varie istituzioni di Amma in India, le donne sono capi dipartimento e presidi nelle scuole. Un anno, durante il tour del nord India, Amma ha chiesto a tutte le donne di caricare e scaricare i bagagli e le attrezzature che vengono sistemati sul tetto dei pullman, compito generalmente riservato agli uomini.

Dopo lo tsunami, Amma ha inviato molte brahmacharini a pulire le case dei villaggi costieri. Queste ragazze hanno trascorso lunghe giornate a spalare sabbia e a trasportare macerie, tutto per amore di Amma. Per vari giorni hanno lavorato sotto il sole per alleviare la sofferenza altrui.

Amma ha incaricato due ragazze di occuparsi della sorveglianza notturna nel cantiere edile dove si stavano costruendo le case nuove per le vittime dello tsunami, ad una certa distanza dall'ashram. Siamo tutti rimasti sorpresi, pensando che questo lavoro non fosse indicato per delle ragazze. Ma Amma ha insistito dicendo che le Sue ragazze hanno molto coraggio, e quindi perché non dovrebbero svolgere questo tipo di lavoro?

Una volta, durante un Devi Bhava, ho visto una brahmacharini raccontare ad Amma i propri problemi. Come risposta, Amma ha chiesto alla brahmacharini di mettere in mostra i bicipiti e le ha detto: "Visto? Hai i muscoli, ce la puoi fare!"

Le donne spesso si lamentano perché sembra che lavorino molto più degli uomini. Una volta chiesi ad Amma come fa una donna a perdere la propria energia spirituale, visto che un uomo perde la propria attraverso l'emissione dello sperma. Amma ha risposto che una donna perde la propria energia spirituale attraverso i pensieri e le emozioni. Questa è la ragione per cui le donne generalmente finiscono col fare più lavoro fisico degli uomini, per poter incanalare pensieri ed emozioni in una direzione positiva, invece di dissipare la loro forza mentale ed emotiva.

Il mondo non ha mai prima d'ora conosciuto un Essere così grande come Amma. Nessuno come Amma ha mai toccato tante persone e dimostrato una preoccupazione e un amore così straordinari con il proprio corpo fisico. Amma ha una pazienza e una compassione infinite. Dona l'amore di una madre, ed è proprio di questo che il mondo ha bisogno. Il potere di questo amore agisce lentamente, ma è più grande e più potente di ogni altra cosa al mondo. Non dobbiamo aver messo al mondo dei figli per comprendere la maternità, perché Amma ci dice che la Sua essenza è l'amore; è un atteggiamento mentale.

Spesso la gente chiede ad Amma come fa a restare seduta per così tante ore e dare il darshan mangiando e dormendo pochissimo. Amma ha un corpo umano, ma non ha consapevolezza corporea. Quando vede folle di persone che soffrono, dice che sente semplicemente di dover continuare. Deve incontrare tutti, fino all'ultima persona. Amma può così tanto perché riesce a trascendere tutte le limitazioni corporee con il potere della mente. È un esempio per tutti noi e ci incita ad arrivare alla fonte della nostra forza interiore e a trascendere i nostri limiti apparenti.

La routine dei tour di Amma è estremamente rigorosa. Per riuscire a starLe al passo, dobbiamo tirar fuori la nostra forza interiore. Nessuna persona normale riesce a sostenere una scaletta così dura e impegnativa per conto proprio: lasciamo che sia Amma a lavorare attraverso di noi. Abbandonandoci in questo modo, scopriamo di essere in grado di andare oltre ciò che ritenevamo di poter fare. A volte la maggior parte di noi ha la sensazione di essere arrivata al limite, ma poi scopriamo che riusciamo comunque ad andare avanti ancora un po'. Spesso la gente non capisce come facciamo a fare così tanto, ma la forza di compiere un'azione la si trova, se si è spinti dall'amore. Ad una madre che porta dentro di sé un bambino per nove mesi a volte il peso potrà sembrare intollerabile, ma accetta di portarlo per amore.

L'anno scorso, a Bhopal, durante il tour del nord India, ci stavamo recando al luogo del programma serale, e Amma non si sentiva bene. A dire il vero stava malissimo. Io avevo le Sue medicine, ma Lei rifiutò di prenderle. Sapendo come si sentiva, eravamo preoccupati: come avrebbe fatto Amma a portare a termine il darshan, considerato che le persone in attesa erano centomila? E tuttavia Lei continuò ad andare avanti, dando il darshan per tutta la notte e il mattino successivo. Amma continua a offrirci l'ispirazione per trascendere quelli che consideriamo i nostri limiti.

C'è una nota storia a proposito del Titanic. Mentre la nave incominciava ad affondare, le persone si precipitarono alle scialuppe di salvataggio. Su una di queste c'erano troppe persone. Qualcuno annunciò che la scialuppa era troppo pesante. Se una sola persona si fosse offerta volontaria a gettarsi in mare, si sarebbero tutti salvati. Molto coraggiosamente, un giovane si tuffò in mare, donando la sua vita per gli altri. Per riuscire a sacrificare la sua vita, egli attinse alla propria forza interiore. Quando ci rendiamo conto che Amma si sacrifica ogni giorno per l'umanità sofferente, non possiamo fare a meno di voler offrire anche la nostra vita.

Durante le celebrazioni in occasione di Amritavarsham50, Amma si recò all'AIMS per partecipare al summit dei CEO (amministratori delegati) che si stava svolgendo lì. Sul pavimento dell'ingresso principale della sala conferenze c'era un'elaborata composizione floreale; generalmente Amma fa sempre molta attenzione a non calpestare questi *mandala*, ma quel giorno stava guardando tutte le persone presenti e non si accorse della composizione floreale. Inavvertitamente ne pestò un angolo, e poi si diresse verso il palco.

Dopo essersi seduta sul palco, Amma si chinò, estrasse uno spillo lungo e spesso dalla pianta del piede, e me lo passò. Io rimasi scioccata, e mi sentii malissimo pensando al dolore che doveva provare Amma, sapendo quanto fa male se ci pungiamo anche solo con uno spillo. Figuriamoci cos'è avere uno spillone lungo più di due centimetri infilato nel piede. Ma se io ero profondamente turbata pensando al dolore di Amma, Lei non batté nemmeno ciglio. Continuò ad ascoltare i discorsi degli ospiti e poi fece il Suo satsang.

Discretamente, cercai di far sì che qualcuno mi portasse le scarpe di Amma, una salvietta imbevuta di alcool e un cerotto, in modo da poter disinfettare furtivamente la ferita per evitare il rischio di infezioni. Pur avendo chiesto a due persone diverse di procurare queste cose, non arrivò niente.

Dopo il programma, che durò un'ora, Amma si recò in un'altra stanza per un incontro con alcuni CEO. Riuscii infine a recuperare una salviettina imbevuta di alcool e un cerotto, e Le disinfettai la ferita. Mentre cercavo di metterLe il cerotto, Amma me lo tolse di mano proprio mentre stava incominciando a dare il darshan a tutti gli oratori. Cercai per due volte di toglierLe il cerotto dalle mani, in modo che potesse avere le mani libere, ma non me lo lasciò prendere. Amma chiamò poi una trentina di altre persone al darshan, continuando a tenere il cerotto nel palmo della mano. Dopo il darshan si recò a far visita ad un paziente in punto di morte e, mentre attraversavamo i vari reparti dell'ospedale, Amma si fermò ad accarezzare diversi bambini nel reparto pediatrico di terapia intensiva. Ed era ancora scalza.

Quando infine risalimmo in macchina per tornare allo stadio, dove si svolgevano le celebrazioni, Amma aprì il palmo e vidi che aveva ancora il cerotto in mano. Amma non permise a nessuno di guardarLe il piede. Non pensava al proprio benessere, era troppo impegnata a pensare ai bisogni delle centinaia di migliaia di devoti.

Il giorno dopo Amma si accorse che il piede stava incominciando ad infettarsi, e decise di prendere degli antibiotici. Ma li prese a stomaco vuoto, il che La fece star male. Eppure continuò a dare il darshan per oltre diciannove ore di fila, abbracciando quasi 50.000 persone. Amma mi disse in seguito che ad un certo punto durante il darshan non riusciva più a vedere bene; ci vedeva così poco che era come se la folla Le *nuotasse* davanti. Nessuno se ne accorse, e Lei continuò per ore ed ore a dare il darshan.

Successivamente dissi alle ragazze che avevano allestito la decorazione floreale di non usare gli spilli, che sono pericolosi. Esse risposero che non ne avevano usati. Personalmente, ritengo che attraverso questo incidente Amma abbia assorbito tutte le cose negative che avrebbero potuto verificarsi durante le celebrazioni; incredibilmente, durante i quattro giorni di festeggiamenti, a cui parteciparono centinaia di migliaia di persone, non si verificò neanche un incidente.

Una volta un giornalista chiese ad Amma quale fosse il segreto del Suo successo. Amma suggerì che forse è da ricercarsi nel fatto che le persone trovano in Lei ciò che è essenziale per tutti, ma che sentono mancare in loro. Invitata a spiegarsi meglio, Amma aggiunse: "L'amore". Aggiunse poi: "Esistono due tipi di povertà: povertà materiale e povertà di amore e compassione. Se si risvegliano l'amore e la compassione, si elimina anche l'altro tipo di povertà".

La compassione e l'amore di Amma Le danno la forza di portare a termine cose incredibili e di influenzare milioni di vite in tutto il mondo. La compassione è l'espressione dell'amore e ha la capacità di rimuovere la sofferenza. Matura come il frutto della vera comprensione e ci fornisce la forza di compiere qualsiasi cosa.

Desidero cantare per Te un canto lungo e triste,
perché i Tuoi occhi si riempiano di lacrime e
il Tuo cuore si sciolga.
Solo per farTi versare una lacrima per me,
che ne ho versate oceani per Te.
Ma quando il ricordo di Te mi riempie la mente,
tutte le parole svaniscono.
Come posso mai parlare di Te,
che hai trasceso tutti i guna?

Non ci sono parole che possano racchiudere la Tua gloria,
né melodie che possano esprimere la Tua bellezza.
Hai rubato la bellezza e lo splendore di tutte le cose,
e le contieni in Te.
E hai rubato anche il mio cuore.
Le mie lacrime solitarie continuano a cadere
e Tu non Ti commuovi.

Capitolo 18

Il paradiso in terra

*"L'appagamento e la felicità dipendono interamente dalla mente,
non da circostanze e oggetti esterni.
Il paradiso e l'inferno sono entrambi creati dalla mente".*

Amma

La gente spesso ritiene che Dio esista soltanto nell'alto dei cieli, seduto su un trono dorato, e che si possa raggiungere il paradiso soltanto alla fine della vita – ma Amma dice che non è così. Possiamo trovare il paradiso sulla terra, qui ed ora. Si trova nella nostra attitudine mentale. Siamo noi a creare il nostro paradiso e inferno personali. Amma vuole soltanto che facciamo l'esperienza del paradiso.

Ciò che Amma desidera per il mondo, e che potrebbe diventare anche il nostro desiderio, è racchiuso nel mantra *Om Lokah Samastah Sukhino Bhavantu* (Possano tutti gli esseri di tutti i mondi essere felici). Amma ha ripetuto spesso che vuole che tutti abbiano un tetto, che facciano per lo meno un pasto soddisfacente al giorno, e che la notte si possano addormentare senza paura. Ecco il sogno di Amma.

I nostri desideri forse si rivolgono verso svariati oggetti, ma quelli di Amma sono puramente altruistici e riguardano soltanto il miglioramento del mondo. Amma ha sempre vissuto la Sua vita nello sforzo di migliorarci, purificarci e ispirarci a vivere in modo dharmico. È l'esempio vivente dell'umiltà e della compassione, che si accompagnano a uno stupefacente amore al servizio dell'umanità.

Nel corso degli anni, è stato incredibile veder sbocciare i fiori della missione di Amma. Ovunque ci rechiamo in India possiamo vedere la manifestazione tangibile del Suo amore nella forma di varie istituzioni scolastiche, ospedali, progetti edilizi, e così tante altre iniziative che è impossibile menzionarle tutte.

Le istituzioni di Amma sono note per essere dotate di tecnologia di prim'ordine e di personale altruista, ma Amma non si prenderà mai il merito di aver costruito l'ashram o di tutte le attività avviate in Suo nome. Quando qualcuno Le domanda quale sia il segreto di queste imprese, Amma con umiltà risponde: "Non mi attribuisco niente. Sono i miei figli ad aver reso possibile tutto questo. I miei figli sono la mia ricchezza, la mia forza".

Amma continua spiegando che attribuisce tutto il successo dell'ashram alla rinuncia e agli sforzi altruistici dei Suoi devoti. Prima di intraprendere un progetto, Lei non ha mai sprecato tempo a calcolare se fosse fattibile o meno. Il punto di partenza di tutte le Sue attività umanitarie è il bisogno delle persone. Quando Amma lo percepisce, si prende un impegno, e ogniqualvolta si è sentita ispirata a dare il via ad un progetto, con la grazia di Dio le cose si sono sempre sistemate.

L'organizzazione di Amma è altamente efficiente perché si basa sull'impegno volontario dei Suoi devoti. Purtroppo molte altre organizzazioni, quando distribuiscono denaro per opere di soccorso, ne sprecano la maggior parte in stipendi e costi amministrativi. È come versare olio da un bicchiere a un altro, e poi a un altro ancora, e così via – alla fine non ne rimane quasi più. La maggior parte dell'olio resta attaccato ai bicchieri. Così le mille rupie donate sono diventate soltanto dieci quando giungono al destinatario. Invece, se a noi danno dieci rupie, ci aggiungiamo il nostro sforzo personale e il denaro si moltiplica. Questo è il potere del dono altruistico: si può partire con due centesimi e arrivare a un euro.

Nel donare altruisticamente esiste un circolo dell'amore. Questo cerchio si completa quando coloro che hanno ricevuto l'amore di Amma a distanza riescono infine ad incontrarLa. Allora Lei fa loro capire direttamente che l'amore che provano è reale, duraturo e parte della loro vera natura. Dandoci amore, Amma risveglia l'amore in noi.

L'ispirazione che Amma ci offre diventa come un acceleratore divino. Una volta che viene premuto, va avanti quasi automaticamente, con una forza incredibile. È un potere che non deriva dal dominare, ma dall'amare. È l'opposto del nostro comune concetto di potere. Questo amore è la chiave della nostra crescita spirituale e dei cambiamenti che Amma può creare in noi. Soltanto nell'amore disinteressato possiamo trovare un coraggio e una pazienza sufficienti a guidarci nei periodi difficili.

Per ogni persona che viene direttamente a contatto con l'amore di Amma, ce ne sono moltissime che ricevono il beneficio di quel contatto. Amma ispira persone qualunque a compiere cose straordinarie. Il loro entusiasmo non va soltanto nel compiere lavoro disinteressato, nell'idea di "fare del bene". È molto di più; è il modo dei devoti di esprimere il loro amore per Amma.

Possiamo avere un legame con Amma ovunque ci troviamo, perché Amma ci dice che è sempre con noi. Una ragazzina aveva un forte desiderio di incontrare Amma, ma non poteva venire ad Amritapuri. Lavorava come domestica presso una famiglia molto severa e non poteva chiedere del tempo libero. Cercava di incontrare persone che conoscevano Amma e che le parlassero di Lei, e fu molto felice un giorno quando qualcuno le diede una piccola foto di Amma. Ma continuava comunque ad avere il forte desiderio di incontrare Amma di persona e di ricevere il

Suo darshan. Una sera, diverse persone della sua città si recarono all'ashram per il Devi Bhava, e la invitarono ad andare con loro, ma la ragazza non riuscì a ottenere il permesso. Era disperata.

Quando quella sera i padroni di casa uscirono, la ragazza appoggiò la testa sul pavimento e scoppiò a piangere. All'improvviso sentì la presenza di qualcuno nella stanza. Sollevò il viso e fu sbalordita nel vedere Amma, nelle vesti della Devi, seduta sul divano, con indosso un sari verde, la corona e i gioielli della Madre Divina. Intorno a Lei aleggiava anche una speciale fragranza. La ragazza pensò che forse si trattava di un sogno, ma d'altra parte era consapevole di essere ben sveglia. Amma la fece alzare da terra, le asciugò le lacrime e le fece appoggiare la testa sulla Sua spalla, dicendo: "Mia cara figlia, non piangere. Io sono sempre con te". Le strinse la mano e la guardò con profondità negli occhi, e poi scomparve all'improvviso.

Il giorno seguente, quando i suoi amici ritornarono, la ragazza chiese loro di che colore fosse il sari che Amma aveva indossato durante il Devi Bhava. Essi confermarono che il sari era verde. Sono ormai passati quattro anni da quella miracolosa visione e sebbene la ragazza non sia ancora riuscita ad andare ad Amritapuri per incontrare Amma di persona, nel suo cuore sa che Amma è sempre con lei.

In India, gli insegnamenti dei Maestri che hanno realizzato Dio sono le fondamenta del Sanatana Dharma. Le vibrazioni della loro realizzazione e le verità sublimi che hanno pronunciato continuano ad essere presenti in forma sottile. Amma è il gioiello della corona di questa antica e ininterrotta discendenza.

Quando Amma aveva sedici anni, Suo fratello minore La vide seduta che piangeva lungo il canale. Inizialmente pensò che stesse piangendo perché qualcuno L'aveva sgridata o picchiata, e andò a chiederLe che cosa fosse successo. Amma lo guardò e disse: "Figlio, sento i dolori del mondo. Sento le grida dell'umanità sofferente, e conosco anche il modo per eliminare il suo dolore". Questa compassione si è manifestata in tutta la Sua vita ed è il fondamento di tutte le Sue azioni, e Amma continua ad allargare le braccia verso di noi.

Può esser difficile credere sino in fondo che Amma conosca il cuore di ogni singola persona e tutti i nostri desideri più intimi, quando ha milioni di figli in tutto il mondo. Ma ci dimostra continuamente che riesce a sentirci, e che ci conosce al livello più profondo.

Una volta Amma ha detto: "I miei figli pensano che non mi ricordi di loro, ma ogni notte Amma va da tutti i suoi figli in giro per il mondo e dà loro il bacio della buonanotte".

Alcune persone parlano di una prossima età dell'oro. Io credo che con la nascita di Amma su questa terra l'età dell'oro sia giunta. La grazia di avere Amma con noi è inconcepibile. Nella vita, cerchiamo tutti un angolo di paradiso sulla terra. Io so dove ho trovato il mio!

All'interno di questo mondo impuro
si trova la Tua beatitudine, presente in tutto il creato.
Il mio cuore trema
al pensiero di poter ammirare
la Tua preziosa immagine.
È questo l'unico desiderio che mi fa andare avanti,
mentre le giornate si inseguono vuote.

Quando verrà il giorno
in cui le nuvole dell'illusione si disperderanno?
La Tua dolce promessa mi lascia assetata
della Tua immagine.
Col pensiero di Te fisso dinanzi a me,
mi rendo conto di non sapere niente.
Andare alla ricerca di qualsiasi altra cosa è inutile.

Il toccare una sola volta i Tuoi piedi di loto mi renderà libera,
e con gioia annegherò nel mare della Tua compassione.

Glossario

Adivasi: in sanscrito letteralmente "i primi abitanti". Popolazioni autoctone dell'India.

AIMS: Istituto Amrita di Scienze Mediche. L'ospedale multispecialistico di Amma a Cochin.

Amritapuri: l'ashram principale di Amma, quartier generale della Sua missione, situato nello Stato indiano del Kerala.

Amritavarsham50: le quattro giornate per la pace e l'armonia nel mondo svoltesi a Cochin nel 2003 in occasione delle celebrazioni del 50° compleanno di Amma.

Arati: il rito del far ruotare della canfora ardente suonando dei campanelli alla fine di una funzione religiosa, per simboleggiare l'offerta dell'ego a Dio.

Archana: recitazione dei nomi di Dio.

Arjuna: il celebre principe guerriero, l'amato discepolo a cui Krishna impartì gli insegnamenti della *Bhagavad Gita* intorno al 3000 a.C.

Ashram: comunità residenziale in cui si praticano discipline spirituali; la dimora di un santo.

Atman: il Supremo Sé, o Coscienza. Denota sia l'Anima Suprema che l'anima individuale.

Ayurveda: l'antico e tradizionale sistema indiano di medicina.

Bhajan: canto/i devozionale/i.

Bhava: stato d'animo divino.

Brahmachari: un discepolo maschio che pratica discipline spirituali e osserva il celibato.

Brahmacharini: equivalente femminile di brahmachari.

Chai: tè indiano al latte.

Chatti: contenitore rotondo di metallo usato in lavori edili per trasportare materiali.

Darshan: visione del Divino o incontro con un Santo.

Devi: Madre Divina.

Dharma: dovere, responsabilità, rettitudine.

Dhoti: abbigliamento maschile costituito da un pezzo di tessuto legato intorno alla vita.

Ego: consapevolezza di un "io" limitato, che si identifica con caratteristiche riduttive quali il corpo e la mente.

Ghi: burro liquefatto e chiarificato, color giallo-oro, ottenuto da latte di mucca o di bufala eliminando le parti dense.

Gopi: pastorelle e lattaie che vivevano a Vrindavan, le devote più vicine a Krishna, note per la loro suprema devozione.

Guna: qualità (sattva, rajas e tamas). Le tre qualità della materia e dell'energia che costituiscono il mondo fenomenico.

Guru: Maestro spirituale.

Gurudev: "Maestro Divino", termine sanscrito che indica rispetto, generalmente utilizzato quando ci si rivolge al Maestro.

IAM: Tecnica Integrata di Meditazione Amrita, creata da Amma.

Japa: ripetizione di un mantra.

Kalari: il tempietto in cui Amma originariamente teneva i Devi Bhava darshan.

Karma: azione; catena degli effetti prodotti dalle nostre azioni.

Karma Yoga: il sentiero dell'azione attraverso il servizio altruistico.

Krishna: l'ottava incarnazione del Signore Vishnu, i cui insegnamenti sono contenuti nella Bhagavad Gita.

Kurukshetra: il campo di battaglia su cui si svolse la guerra del Mahabharata, dove Sri Krishna impartì gli insegnamenti della Bhagavad Gita ad Arjuna.

Mahatma: letteralmente "Grande Anima", titolo induista che denota rispetto usato per indicare una persona spiritualmente elevata. In questo libro la parola 'Mahatma' indica una persona che ha realizzato Dio.

Mala: ghirlanda, collana.

Malayalam: la lingua madre di Amma, parlata in Kerala.

Mantra: suono sacro o gruppo di parole che ha il potere di promuovere la trasformazione spirituale.

Maya: illusione cosmica.

Om Amriteswaryai Namah: mantra che significa "Rendiamo omaggio alla Dea dell'Immortalità".

Om Namah Shivaya: potente mantra con varie interpretazioni, il cui significato è generalmente "Rendiamo omaggio a Colui che è eternamente benevolo".

Pada puja: tradizionale cerimonia devozionale che consiste nel lavare i piedi del Guru.

Panchakarma: le cinque tecniche di purificazione utilizzate nei trattamenti ayurvedici.

Pappadam: snack indiano fritto, rotondo, sottile e croccante, generalmente servito col riso.

Paramatman: l'Anima Suprema; Dio.

Prasad: offerta o dono benedetto che si è ricevuto da un santo o da un tempio.

Puja: cerimonia devozionale.

Pujari: sacerdote del tempio che svolge le puja.

Punyam: merito.

Radha: la gopi più vicina a Krishna, che rappresenta l'amore più elevato e puro per Dio.

Rajas: attività, passione; uno dei guna.

Rudraksha: seme di un albero che generalmente cresce in Nepal, noto per le sue proprietà medicinali e spirituali. Miticamente conosciuto come "le lacrime del Signore Shiva".

Sadhana: pratiche spirituali che conducono alla realizzazione del Sé.

Samadhi: unione con Dio; stato trascendentale in cui si perde ogni senso di identità individuale.

Sanatana Dharma: letteralmente "la religione eterna". Il nome originale dell'Induismo.

Sankalpa: risoluzione, formulazione di un proposito.

Sannyas: cerimonia in cui si prendono i voti formali di rinuncia.

Sanscrito: antica lingua indiana, considerata la lingua degli Dèi.

Satsang: ascoltare un discorso o una discussione spirituale; la compagnia di santi e devoti.

Seva: servizio altruistico.

Shraddha: cura, attenzione, fede.

Swami: colui che ha preso i voti monastici di celibato e rinuncia.

Swamini: equivalente femminile di swami.

Tapas: austerità, privazioni, sostenute per giungere alla purificazione di sé.

Tulasi: basilico sacro, pianta medicinale.

Tyagam: rinuncia, sacrificio.

Vairagya: distacco.

Vasana: impressioni residue di oggetti e azioni di cui si è fatta esperienza; tendenze latenti.

Vedanta: sistema filosofico che considera la natura del Sé, basato principalmente sugli insegnamenti delle Upanishad, della Bhagavad Gita e dei Brahma Sutra.

Vibhuti: cenere sacra che generalmente Amma distribuisce come prasad.

Vrindavan: luogo dove Sri Krishna trascorse l'infanzia.